教育部高校在线教学国际平台慕课配套教材

普 通 高 等 院 校 通 用 教 材

（修订版）

沟通与写作

赵惠霞 主编

贾辰飞　陈倩倩　何妍

王博　于明娇　朱巧梅 参编

西北大学出版社

· 西安 ·

图书在版编目（CIP）数据

沟通与写作 / 赵惠霞主编 . -- 修订版 . -- 西安：
西北大学出版社，2024.1
　　ISBN 978-7-5604-5329-3

　　Ⅰ.①沟… Ⅱ.①赵… Ⅲ.①心理交往—高等学校—
教材②汉语—应用文—写作—高等学校—教材 Ⅳ.
① C912.11 ② H152.3

中国国家版本馆 CIP 数据核字 (2024) 第 019671 号

沟 通 与 写 作 （修订版）

GOUTONG YU XIEZUO

主　　编	赵惠霞	
出版发行	西北大学出版社	
地　　址	西安市太白北路 229 号	
邮　　编	710069	
电　　话	029-88303996	
经　　销	全国新华书店	
印　　装	陕西奇彩印务有限责任公司	
开　　本	787 mm×1092 mm　1/16	
印　　张	15.25	
字　　数	287 千字	
版　　次	2024 年 7 月修订版第 4 次印刷	
书　　号	ISBN 978-7-5604-5329-3	
定　　价	48.00 元	

再版序 PREFACE

PREFACE

2022年春季学期，随着全校通识素质教育必修课程——"沟通与写作"开课，《沟通与写作》教材也如期与广大师生见面。经过一个学期的教学实践，这本教材得到了任课教师的广泛认同，认为教学目标明确，内容新颖，形式活泼，易于课堂教学组织，教学范式具有示范作用。在教学过程中，同学们普遍认为教材内容贴近需求，编排方式易于接受；丰富的案例教学，有助于沟通与写作能力提升和学习目标的达成。看到师生们的课程教学效果调查报告和学生们的课程学习总结，编者惶恐的心情得到了些许安慰。

2022年，乘着学校教育教学改革与课堂创新活动的东风，"沟通与写作"在2021年校级优秀教材建设项目基础上，成为学校"一流课程"建设项目和教改示范课程，并且以此为基础的"四新建设：应用型本科院校通识课程教学范式转型与实践研究"获得陕西省哲学社会科学重大理论与现实问题研究项目立项。在课程教学范式转型研究的基础上，课程组紧锣密鼓地完成了一流在线课程的建设任务，于10月正式登录教育部高校在线教学国际平台，成为"学堂在线"面向社会公众开放的一门素质教育慕课，上线2个月时间，社会自学选课人数近千人。

根据党的二十大会议精神，结合线上线下混合式教学方法的改革需求，我们对教材进行了再版修订：一是为突出党的二十大提出"用社会主义核心价值观铸魂育人"的要求，对部分内容和案例材料进行更新，以便契合"育人"先"育德"的教学主旨，彰显对学生正确价值观的引导；二是引入慕课资源，对《沟通与写作》教材进行数字化升级；三是利用大数据和人工智能技术，设置AI数字人"小通老师"，可在线进行实时智能语音或文字问答，为学生提供一对一的个性化教学服务；四是对部分项目的"课堂讨论"做了进一步完善，加强与"知识讲解"内容的匹配度，使问题讨论紧扣理论学习，突出

对知识的思考延展；五是进一步完善语言表述，使其更加简洁明了；六是对"课后作业"进行了部分调整，以便更加契合学生实际，提高学生作业的完成质量。

　　新时代，随着美育理论和新文科建设的发展，对大学教材的内容和形式都提出了新的要求。好的教材不仅要求内容能够承担起"立德树人"的责任，形式也要能够保证"立德树人"的效果。教学改革永远在路上，随着线上线下混合式教学的开展，我们将会根据教学的需要不断完善这本教材。

　　真诚地感谢教材编写团队同仁的通力合作，感谢西安思源学院的大力支持，感谢西北大学出版社编辑团队的辛苦付出！

赵惠霞

2023 年 1 月 16 日

序言 PREFACE

PREFACE

《沟通与写作》教材即将付梓，遂以此"序"作总结。

一、编写缘起

歌德说，你若喜爱自己的价值，你就得给世界创造价值。作为一名传道授业解惑的师者，给大学生开设一门"沟通"课程，编写一本适配的教材，是我深耕讲台多年的夙愿。

大学从教 40 年间，每每走在校园，总能看到身边的一些年轻人，本该是灿烂如花的脸庞，却经常愁容不展、郁郁寡欢，深入了解之后，发现很多同学在人际沟通方面都存在着不同程度的困扰和问题。有的同学因人际关系不好，患得患失，情绪低落；有的同学因不善表达，错失良机，后悔不已；有的同学因不善沟通，亲人失和，痛不欲生；甚至有人因为感情沟通出现问题，做出自我伤害的极端行为，让人痛心不已。凡此种种，虽各有缘由，但可以反映出大学生存在沟通能力不足这一问题。因此，有个想法总时不时地会出现在脑海：如何帮助年轻人提高人际沟通能力，让他们少一点人生困惑呢？

我们知道，凡是关乎人际关系的问题，从来就不是一个简单的问题，也绝非开设一门课程就能解决，需要全社会的努力。作为大学的教育工作者，天然的职责促使我们有责任、更有义务通过一定的教育方式和教学途径，为大学生的人格成长做些实际的努力。

2021 年初，适逢学校启动专业人才培养方案修订工作，本次人才培养方案修订的主要目标，就是全面落实党的教育方针和"立德树人"根本目标，贯彻高等教育改革新理念，实现专业人才的全面发展。考虑到地方院校应用型人才培养的现实需求，学校对面向全校大学生开设的通识教育课程进行了系统性调整，在通识教育课程系列中设置了必修和选修两大类。除了在公共选修课程中设置了 5 大模块共 50 门特色课程，涵盖科学精神素养、哲学文化素养、艺术审美素养、身心健康素养和沟通写作素养之外，还在必修课程系列中增设一门"沟通与写作"课程。就是希望通过这类课程的教学活动，帮助大学生正视人际沟通问题，重视沟通能力培养，从而提高人际交往的理性自觉。

二、编写目的

作为长期身处高等教育教学改革前沿阵地的大学教育工作者，我们深知高教改革任务的艰巨性。尤其是在当前，随着第四次工业革命浪潮的风起云涌，新一轮科技革命和产业变革更是此起彼伏。人工智能、大数据应用、量子信息技术、生物科技、虚拟仿真、区块链、元宇宙等新技术领域层出不穷，加速了教育数字化技术的更新迭代。"百年未有之大变局"给高等教育教学改革带来新机遇的同时，也促使高等教育教学改革与创新面临着前所未有的压力和挑战。诚如教育部专家所言，这关乎到教育"立德树人"的根本任务。高教改革改到深处是内容，改到高处是方法，改到难处是教师；而课程教材是教学改革的核心载体。

当课程教学改革不断聚焦于教学内容和教学方法改革的时候，教材的创新就必然成为焦点。教材的质量，不仅关系到人才培养质量，更关系到"培养什么人、为谁培养人、怎样培养人"这一人才培养的根本性任务的实现。一本好的教材，必将承载着"立德树人"的"最后一公里"任务。

"沟通与写作"课程如何实现"专才＋通才"的教育目标，如何通过教材内容和形式的创新，实现课程的"真、善、美"追求，如何贯彻"学生中心"的新理念、落实课程思政的育人新目标，必然成为教材编写的应尽义务。从这个意义上讲，这本教材承载着编者多年来对课程教学的改革与创新实践，也是对通识素质课程教学范式转型做出的新探索。

三、编写体例

无论多么先进的教学改革理念，如果落实不到具体教学内容中，总会显得缺少底气。一本好教材，一定会对这门课程的教学创新产生重要影响，也必然会成为任课教师开展教学创新的实践基础。因此，我们在本教材的编写过程中，经过反复思考和深入调查研究，最后选择围绕着课程教学目标要求，按照教材内容与课堂教学活动开展的"一致性"原则，确定了本教材以"项目＋任务"为驱动、以案例教学为引导的教学内容编写体例，有利于老师的"教"和学生的"学"在同一个逻辑层面上同步展开。

首先，教材把每一部分的教学内容作为一个完整的"教学项目"来统筹，全书共设置10个教学项目，分为上、下两编，即口头沟通和书面沟通分别各设5个项目；在每个项目之下提示了"学习目标"；根据学习目标分别设置三个教学"任务"，每个任务既各自独立，又相互关联，共同构成该项目的教学内容。

其次，每个项目的教学内容都设置有"案例导入"；按照不同的教学任务设有"知识讲解""课堂讨论""情境训练"板块；在具体教学中，通过对案例的分析和讨论，导入"知识讲解"，引入相关理论的学习环节，理论讲解之后设置"情境训练"环节，由此构成"实践—理论—再实践"的开放式认知链，让理论与实践融会贯通成为一体，完成知识学习向能力转化的教学目标。

最后，在每个教学项目内容完成之后，教材还设置了"思政在线""知识图谱""课后作业"板块。"思政在线"紧扣本项目的知识点，从给出的材料（案例）中引入对相关价值问题的判断，引导学生开展对正确价值观的讨论和思考，落实课程思政的"育人"目标；"知识图谱"是通过对知识点相互关系的逻辑架构和总结，便于学生形成系统的认知体系；"课后作业"则是为了让学生带着问题离开课堂，再带着任务走进课堂，同时也是任课教师检查和了解学生学习情况的方式和路径。

四、编写任务

本书由赵惠霞教授担任主编，负责总体策划与组织实施，包括制定编写内容与体例、拟写编写目录与提纲、全书统稿与审定、组织出版等工作。

贾辰飞、陈倩倩、何妍、王博、于明娇、朱巧梅老师参加了本书的编写工作。其中，贾辰飞承担了上编5个项目的撰写工作；下编中，项目六由王博执笔、项目七由何妍执笔、项目八由陈倩倩执笔、项目九由于明娇执笔、项目十由朱巧梅执笔。

教材在编写与出版过程中，得到了西北大学出版社领导和编辑老师十分给力的支持，他们为本书的编校质量贡献了心血和汗水；西安思源学院教务一处对本教材的立项建设给予了大力支持；课程教学团队成员更是为本书的编写和出版做出了卓越的贡献。在此，请允许我一并向大家表示最诚挚的感谢！

　　本教材即将在"沟通与写作"课堂上与师生见面，能否充分满足课程教学需求，还有待于教学实践的检验。惶恐之余，真切地希望本教材能够对同学们的学习和成长有所助益，并得到大家的认可；更希望每一位任课老师都能够带领学生一起学习、一起讨论、一起思考、一起实践，教学相长，共同进步！

　　吾生有涯而知无涯，沟通的学问浩如江海，远非一本薄书所能周全。由于编写时间紧迫，书中错误恐在所难免。如有不当，恳请读者、专家批评指正。

赵惠霞

2022 年 1 月 16 日　于西安

目录

CONTENTS

下编　文体写作

沟通，我们应该重视的能力

一 ··················· ► 何谓沟通

案例导入

儒家至圣先师孔子，日常生活深谙沟通之道。孔门弟子众多，孔子沟通有法，应对有道，此类故事古书多有记述。

孔子行游，马逸食稼，野人怒，絷其马。子贡往说之，卑词而不得。

孔子曰："夫以人之所不能听说人，譬以太牢享野兽，以《九韶》乐飞鸟也！"

乃使马围往，谓野人曰："子不耕于东海，予不游西海也，吾马安得不犯子之稼？"野人大喜，解马而予之。

这个故事很简单。孔子的马啃食了农人的庄稼，被农人扣留，子贡去索要，态度谦卑却不被理睬；孔子让马夫去，马夫三句话说服农人归马。

乍一看，好像马夫比子贡更擅长沟通，事实果真如此吗？

据《论语》记载，子贡，乃孔门十大哲人之一，善雄辩，有才干，办事通达，曾任鲁国和卫国的丞相。这样的人，上能官运亨通，下能侍奉老师，友爱同学，可见，其沟通能力毋庸置疑。

至于马夫，《论语》中并没有相关的记载，我们依据故事判断他应该是孔子临时雇用的平民，才华肯定比不上社交能手子贡，但在关键时候却成功解决子贡没能解决的问题。

马夫为什么会成功？孔子给出了答案："夫以人之所不能听说人，譬以太牢享野兽，以《九韶》乐飞鸟也！"

子贡是贵族，与农人思想迥异，他这时所说的话，无异于对牛弹琴。马夫与农人身份地位相等，思想处在同一层次，他能用对方听得懂的语言把道理说出来，达到了沟通的效果。

现实生活中，通常也会发生这样的事情。同样的问题，你去沟通，别人爱搭不理；换个人去沟通，对方却欣然接受。凡此种种，不由让人感叹：沟通，真的是很复杂的事情。

课堂讨论

1. 分析一下马夫的沟通技巧。

2. 请你另外分享一个有关孔子擅长沟通的故事。

知识讲解

沟通是什么

现实生活中，人与人的关系复杂而且重要。正如马克思所说："人是一切社会关系的总和。"这种社会关系要求人们重视彼此之间的联络与交往，维系良好的人际关系。

良好的人际关系往往都是建立在有效的沟通基础上，因此，沟通能力就成为一个人在社会实践中生存和发展的基本能力，影响着人的身心健康、人际和谐、学业成长、事业成功、婚姻美满、亲子和睦。

信息时代，人们的生活节奏和心理体验瞬息万变，心理压力呈几何式增长，沟通的影响力愈加凸显。

那么，什么是沟通呢？

"沟通"一词，源于《左传·哀公九年》的记载，"秋，吴城邗（今江苏邗江县），沟通江淮"。意思是邗江县在长江和淮河之间，起了连接作用。

《现代汉语词典》中对"沟通"的解释是：本指开沟以使两水相通，后用以泛指使两方相通连；也指疏通彼此的意见。

《大英百科全书》把"沟通"定义为"用任何方法彼此交换信息"。

现代学科体系建立以后，"沟通"一词，因其无处不在的属性，渗透到各个学科中，并衍生出不同的含义。比如：

传播学，侧重于信息的发出、接收与反馈。

管理学，强调沟通在组织中的重要性。

经济学，追求沟通带来的经济效益。

社会学，认为沟通是人际交往的重要内容。

心理学，探索沟通背后隐藏的共情与同理心。

文学艺术，展示沟通在不同时空下的精神交流和心灵共鸣。

……

虽然不同角度产生的观点都言之成理，但对"沟通"一词的定义，目前仍然缺乏统一的界定。故此，从现代社会对人际交往的需求出发，我们将其定义为：沟通，是人们进行思想交流、情感分享和信息共享的有目的的活动。

二 沟通何为

触龙说赵太后

赵太后新用事，秦急攻之。赵氏求救于齐，齐曰："必以长安君为质，兵乃出。"太后不肯，大臣强谏。太后明谓左右："有复言令长安君为质者，老妇必唾其面。"

左师触龙言愿见太后。太后盛气而揖之。入而徐趋，至而自谢，曰："老臣病足，曾不能疾走，不得见久矣。窃自恕，而恐太后玉体之有所郄也，故愿望见太后。"太后曰："老妇恃辇而行。"曰："日食饮得无衰乎？"曰："恃粥耳。"曰："老臣今者殊不欲食，乃自强步，日三四里，少益耆食，和于身。"太后曰："老妇不能。"太后之色少解。

左师公曰："老臣贱息舒祺，最少，不肖；而臣衰，窃爱怜之。愿令得补黑衣之数，以卫王宫。没死以闻。"太后曰："敬诺。年几何矣？"对曰："十五岁矣。虽少，愿及未填沟壑而托之。"太后曰："丈夫亦爱怜其少子乎？"对曰："甚于妇人。"太后笑曰："妇人异甚。"对曰："老臣窃以为媪之爱燕后贤于长安君。"曰："君过矣！不若长安君之甚。"左师公曰："父母之爱子，则为之计深远。媪之送燕后也，持其踵，为之泣，念悲其远也，亦哀之矣。已行，非弗思也，祭祀必祝之，祝曰：'必勿使反。'岂非计久长，有子孙相继为王也哉？"太后曰："然。"

左师公曰："今三世以前，至于赵之为赵，赵王之子孙侯者，其继有在者乎？"曰："无有。"曰："微独赵，诸侯有在者乎？"曰："老妇不闻也。""此其近者祸及身，远者及其子孙。岂人主之子孙则必不善哉？位尊而无功，奉厚而无劳，而挟重器多也。今媪尊长安君之位，而封之以膏腴之地，多予之重器，

而不及今令有功于国，一旦山陵崩，长安君何以自托于赵？老臣以媪为长安君计短也，故以为其爱不若燕后。"太后曰："诺，恣君之所使之。"

于是为长安君约车百乘，质于齐，齐兵乃出。

《触龙说赵太后》是《战国策》中的名篇。战国时期，秦国大举攻赵，并已占领赵国三座城池，赵国向齐国求援，齐国要赵太后的小儿子长安君为人质，才肯出兵。赵太后溺爱长安君，执意不肯，致使国家危机日深。

我们看一看，触龙如何说服赵太后。

第一步，亲近感情，避其锋芒。国难当头，群臣力谏太后送长安君到齐。赵太后顾念私情，坚决不听。触龙知道太后性格，面见之后并没说劝谏之词，而是像多年老友一样，关心对方的身体，以情感切入，让赵太后放松戒备。

第二步，情感共鸣，巧妙布局。触龙在拉家常中，特意提出为自己小儿子安排差使的请求，表现出对自己儿子的疼爱，引发赵太后的同感，两人在爱子方面达到共识。

第三步，情理交融，因势利导。触龙跟赵太后提出"谁更爱自己子女"的话题，并用激将法引出"父母之爱子，则为之计深远"的观点，得到赵太后认同后，用赵国历史上的故事，引导太后对自己爱子行为反思，让其明白：既爱子就应为其筹划长远，溺爱等于杀子的道理。水到渠成，最终说服了太后。

 课堂讨论

1. 通读《触龙说赵太后》一文，并对其中的对话艺术进行分析。
2. 请你总结这篇文章中体现出来的沟通技巧。

知识讲解

沟通的作用

现实生活中，总不免有人问：沟通到底有什么用？《触龙说赵太后》给了我们一个很好的答案。其实，纵观古今，横揽中西，大到国与国之间的文化交流，小到个人能力的发展，沟通都发挥了至关重要的作用。

（一）沟通，有助于文化的交流与传播

文化交流是国与国之间友好往来的重要途径，沟通在中西的文化交流史上发挥了重

要作用，并助力文化创造了灿烂的成果。

> 黄沙漫漫、驼铃悠悠，丝绸之路在东西方架起了一座沟通桥梁，敦煌莫高窟就是一个历史见证。敦煌莫高窟被誉为人类文化艺术宝库，为后世留下了举世震惊的大量艺术珍品，飞天就是浩瀚星辰文化宝库的其中之一。
>
> 飞天是佛教中空中飞行的天神，敦煌莫高窟492个洞窟中，几乎窟窟画有飞天。由于朝代的更替，中西文化的频繁交流等变化，飞天的姿态意境、风格情趣呈现出各自不同的特点。
>
> 唐代是敦煌飞天艺术形象最完美的阶段，也是飞天完成中国化的过程。这个时期的飞天，造型上以不长翅膀、不生羽毛、没有圆光、借助彩云为主。在高明的画工笔下，飞天凭借飘曳的衣裙、飞舞的彩带凌空翱翔，带给人们视觉和心灵的双重震撼。
>
> 从世界范围看，敦煌飞天集印度文化、西域文化、中原文化为一体，现已成为中国文化的重要代表。不仅体现了中国艺术家天才的创作，也是世界美术史上的一个奇迹，浓墨重彩地影响了后世的艺术文化。

敦煌飞天是东西文化沟通史上的一个杰作，对当今文化的发展具有重要的启示意义。进入新世纪后，和平与发展成为时代的主流，文化开始成为国与国之间的隐形竞争力量，影响力日益增强。

但在文化传播中，基于历史原因、民族心理等带来的隔阂，中国文化在国际上并没有得到应有的话语权，与世界的交流也存在诸多障碍。故此，加强文化沟通，通过情感、思想、心灵的交流，让各国民众了解中华文化的开放、包容与和谐等特点，使其尊重乃至认同、欣赏，是文化交流中的重中之重，也是提升国家软实力的重要途径。

借助有效的沟通，中华文化的博大精深与外来文化的优秀成果产生碰撞，不仅助力文化的创新和发展，而且能与世界各民族文化达到"各美其美，美人之美，美美与共，天下大同"的发展境界，呈现精神文明的璀璨盛宴。

（二）沟通，有助于新型经济模式发展

在传统经济领域，良好的沟通有助于经济的发展，这已是被实践验明的真理。进入21世纪后，伴随着信息化浪潮席卷全球，新兴经济模式纷纷涌现，沟通作为桥梁的作用从来没有像今天这般突出和重要。

"宅经济"是新兴经济模式的典型体现，是居民在住宅中参与产品或服务的价值创

造活动，或在住宅中完成商品或服务交易相关的经济活动。[①]

> 沟通是"宅经济"发展的内在动因。互联网催生了"宅文化"的发展，"宅文化"的主体——宅家族渐渐成为社会中的一个群体。宅家族虽然不喜社交，更多借助互联网跟外界连接，但他们仍然有强烈沟通欲望——网上交友即是体现。基于此，各式各样的社交软件应运而生，在为宅家族提供方便的同时，社交软件背后的公司也赚得盆满钵满，如 Facebook 创始人跻身世界前十名富豪行列，微博、微信等社交工具均给背后的运营公司带来了巨大的经济利益。[②]

"宅经济"最为明显的就是经济利益。在日本、韩国等国家和地区，"宅经济"已成为经济创新增长中不容忽视的一环。在中国，根据移动互联网信息平台"QuestMobile"此前发布的相关报告，中国"宅经济"用户规模上亿，涉及的行业也从外卖、网购、生鲜电商、上门服务，扩展到移动直播、短视频、社交等领域。[③]

"宅经济"的发展壮大让人们看到了沟通需求对经济增长的作用。随着数字化技术的发展，社交软件已不仅仅局限于人际沟通，而是在此基础上衍生出新的功能，如搜索、充值、出售虚拟商品、观看或下载视频和音乐、进行二手交易、开展生活服务等，这些功能改变了传统的经济供需模式，并间接催生了直播经济、"网红"经济的发展，给市场带来了多样化的经济形态。

"一只南美洲亚马孙河流域热带雨林中的蝴蝶，偶尔扇动几下翅膀，可以在两周以后引起美国得克萨斯州的一场龙卷风"，这就是蝴蝶效应。沟通即是互联网背景下那只扇动翅膀的蝴蝶。当下，人们为了满足自己的沟通需求，孜孜不倦地进行科技创新，在5G、大数据、人工智能、工业互联网、物联网等方面努力攻克，把简单的社交工具发展出了多样化功能，不仅拉近了用户和市场的沟通距离，更高质量地满足了人们的心理需求，而且为整个经济市场带来了全新的变革和活力，也改变了人们的消费需求和生活方式。

（三）沟通，有助于个人发展

沟通能力与个人发展息息相关。历史上因良好的沟通成就一番事业者大有人在，因不良沟通导致悲剧者也时有发生。现代社会，沟通能力已成为人们必备的社会能力，不仅体现了自我价值，而且带来诸多益处。

---

① 李晓华：《宅经济：内涵、演进与驱动因素》，载于《企业经济》，2020 年第 5 期。
② 《宅人指南：打破你对宅人的刻板印象，全面了解宅文化》，腾讯新闻，2017–10–17。
③ 赵觉理：《"宅经济"催生消费新形式》，环球网，2020–02–01。

世界上最富有、最成功的投资者之一巴菲特在一次电视节目中，对即将进入职场的毕业生提出"投资自己、提升沟通能力"的人生格言。巴菲特认为，沟通能力是可以获取的能力，具有重要的价值。一个人如果无法沟通，就像在黑暗中对一个女孩眨眼示爱，但女孩却没有任何反应。再好的智力，都需要沟通作为传播工具，方能发挥应有的作用。

　　其一，良好的沟通能力可以提高人际交往的成就感。沟通的过程是交换信息的过程，社交中清晰地表达信息而不至于唤起对方的反感、厌恶等情绪；借助表情、手势和动作让自己的观点更有说服力；通过认真倾听表现出对发言人和话题的关注与理解，都会给人际交往带来意想不到的效果，增强成就感。

　　其二，良好的沟通有利于维持和谐的人际关系。人际关系是人一生中持续不断、不可避免的重要关系，与人的发展密切相伴。个人在人际关系的处理过程中，如何定位一段关系的性质，如何确定关系所处的阶段，如何运用多种策略改善双方关系，如何正视双方的利益需求达到共赢等做法，有助于实现亲情、友情、爱情方面的幸福。

　　其三，良好的沟通能力是个人施加影响力的表现。日常交际活动中，与沟通对象围绕话题展开对话，言谈中体现思想的广度和深度；看问题的角度理性客观，获得对方由衷的认可和肯定等，是个人在人际交往中施加影响力的重要途径，潜移默化地改变人际关系。

　　除此之外，良好的沟通也体现在职场发展中。在相关职业能力的调查中，沟通能力一直居于榜首，之后才是技术能力、工作能力、分析能力等。国内外的研究也证明，无论是在哪个领域，沟通能力都起着不可替代的作用。[1]爱因斯坦曾说"事情应尽可能简单，但不应过于简单"。沟通是一件看似简单却又不简单的事情，是每一个人都不容忽视的内容。

---

　　① [美] 罗纳德·B.阿德勒、拉塞尔·F.普罗科特：《沟通的艺术》，北京联合出版有限公司，2017 年版，第 6 页。

三   ▶ 沟通与写作

1948年，马尔克斯因哥伦比亚内战中途辍学，不久进入报界当记者。

1955年，他因连载文章揭露被政府美化了的海难而被迫离开哥伦比亚。

1966年，《百年孤独》出版，广受读者欢迎，在拉丁美洲获得极大赞誉。

1982年，因作品"汇聚了不可思议的奇迹和最纯粹的现实生活"，《百年孤独》获得诺贝尔文学奖，得到全世界的认可。

1999年，当全世界为进入新千年欢呼时，马尔克斯的家乡，左翼游击队、政府军、地主和毒枭支持的右翼武装势力还处在交战状态，普通人每日生活在被犯罪集团抢劫和绑架的恐惧之中。这片古老的土地上，每月有近200人被绑架，超过2000人被暗杀。

2016年，哥伦比亚当局签订了停战协议。在此之前，内战持续超过50年，其间22万人死亡，36万人逃离本国，约670万人背井离乡。

马尔克斯为他的家乡难过，因为当和平与发展成为世界主流时，哥伦比亚却格格不入，国际社会也没有人关注他们。

《百年孤独》展示了拉美的孤独困境，唤醒了世界的关注。

马尔克斯用写作完成了他向世界呼吁关注这片土地的梦想。

❤ 课堂讨论

1. 你阅读过《百年孤独》吗？请分享一下你对"孤独"意蕴的理解。

2. 你认为马尔克斯是否实现了"用写作沟通了拉美与全世界"的目的？

沟通与写作的关系

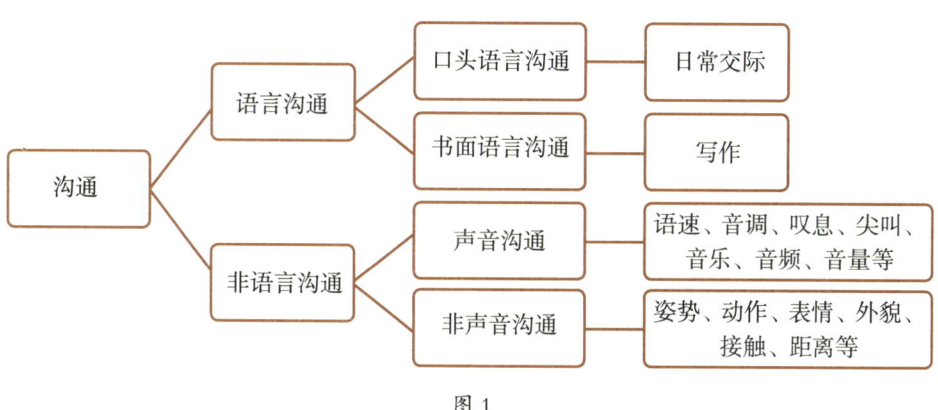

图 1

如图 1 所示，写作属于语言沟通的一个类别，但从写作的属性看，沟通与写作密不可分，二者相互作用，共促发展。

（一）沟通是写作的主要目的

写作是用书面语言传递信息，表达思想、情感和认识，创造文学作品的精神活动，其主要目的是实现与读者的思想和情感沟通。

> 材料一：盖文王拘而演《周易》；仲尼厄而作《春秋》；屈原放逐，乃赋《离骚》；左丘失明，厥有《国语》；孙子膑脚，《兵法》修列；不韦迁蜀，世传《吕览》；韩非囚秦，《说难》《孤愤》；《诗》三百篇，大抵圣贤发愤之所为作也。

这是司马迁在《报任安书》中提到古人"意有所郁结，不得通其道"时所举之例。

> 材料二："今风尘碌碌，一事无成，忽念及当日所有之女子，一一细考较去，觉其行止见识皆出我之上，我堂堂须眉，诚不若彼裙钗。我实愧则有余，悔又无益，大无可如何之日也！当此日，欲将已往所赖锦衣纨袴之时，饫甘餍肥之日，背父兄教育之恩，负师友规训之德，以致今日一技无成，半生潦倒之罪，编述一集，以告天下。"

这是曹雪芹关于《红楼梦》写作缘由的自序。

两个节选的材料，反映出作者在写作初始，都希望用心灵对话的沟通方式来获得与自我的和解，是一种"为己"的追求。但随着写作的展开，开始注入道义责任、知识见闻、审美情趣、文化习俗、胸襟气度等个性特质，使得作品从"为己"上升到"为人"的境界，完成了不同阶段的沟通目的，体现出写作活动独具魅力的价值所在。

（二）写作是沟通的重要载体

写作因其有固定的形式，能长期保存且有利于传播，古今中外被人们广泛使用，并发展了多种多样的载体。

比如，想搭建宏大的叙事结构，描述复杂的情节和人物，可以采用小说的形式，中国古典小说中的四大名著即是这个方面的典型。

想体会言有尽而意无穷的凝练效果，可以选择诗歌的形式，如柳宗元在谪居时写作的诗歌《江雪》，刻画出意境幽僻、情调凄寂的世界，使读者体验到环境的冷峻与作者内心的坚守，获得无数失意之人的共鸣。

想放弃固定格式束缚，自由表达情感，可以使用散文的形式，如朱自清在《背影》中，用朴素的文字，通过父亲买橘子的动作，把父亲对儿子的爱表达得深刻细腻、真挚动人。

想把娱乐与审美结合起来，潜移默化地达到教化目的，可以采用戏曲的形式，如汤显祖在《牡丹亭》中，描绘了杜丽娘与柳梦梅感人至深的爱情，赋予了"情"超越生死的力量，体现了作者对人生与爱情的哲学思考与世情体验。

到了现代社会，写作更是借助时代特征，发展出新颖的载体形式，自媒体就是典型。

自媒体是指普通大众通过网络等途径向外发布新闻和信息的传播方式。其借助现代信息技术的发展，通过个人社交账号，向不特定的大多数或者特定的群体传递规范性及非规范性的信息，收获高票数的点击率、阅读量、转发率等，将沟通推向了私人化、平民化、普泛化和自主化。

由以上分析可见，写作与沟通密不可分。通过写作，作者不仅向读者传达了相关信息，实现了隔空对话的目的；而且通过绝佳文本，展示了文字的独特魅力和深层蕴意，使读者获得有益的启示。

情境训练

背景：《红楼梦》第二十二回"听曲文宝玉悟禅机"中，贾母给薛宝钗过生日，定了一个戏班子，小演员的表演获得了女眷们的一致赞赏。

原文：至晚散时，贾母深爱那做小旦的与一个做小丑的，因命人带进来，细看时益发可怜见儿的。因问年纪，那小旦才十一岁，小丑才九岁，大家叹息一回。贾母令人另拿些肉果给他两个，又另外赏钱两串。

凤姐儿笑道："这个孩子扮上，活像一个人，你们再看不出来。"宝钗心里也知道，便只一笑，不肯说。宝玉也猜着了，亦不敢说，史湘云接着笑道："倒像林妹妹的模样儿。"宝玉听了，忙把湘云看了瞅了一眼，使个眼色。众人却都听了这话，留神细看，都笑起来了，说果然不错。一时散了。

问题

1. 宝玉为什么给史湘云使眼色？
2. 根据史湘云在《红楼梦》中的表现，评价一下其在人际交往中的沟通能力。

思政在线

"翼云欲度香腮雪，衣香袂影是盛唐"。2021年春节，河南春晚舞蹈《唐宫夜宴》视频片段在社交平台上单日累计观看千万次，相关话题数据也在持续增长。"河南春晚出圈""河南春晚真中"等留言活跃在各大网站。

《唐宫夜宴》从舞蹈的编排到场景的展示，从演员的妆容到身上的服饰都充满浓郁的文化气息。它以黄河文化、中原精神、民族文化为根基，以一组黄色、绿色为主色调的唐三彩乐俑为原点，对唐代服饰、色彩、形态以及文化之美进行了高度还原，充分彰显了令人震撼的黄河文化之美。

更为出彩的是，《唐宫夜宴》将《捣练图》《簪花仕女图》《山东徐敏行墓壁画备骑出行图》《千里江山图》以及出土于河南的妇好鸮尊、莲鹤方壶、贾湖骨笛等文物融于场景，舞者犹如穿行于古画之中，将观众代入大美华夏独有的美学空间，彰显出华夏文明天然的自信心与自豪感。

"风吹仙袂飘飘举，犹似霓裳羽衣舞""唐朝少女的博物馆奇妙夜"等出现在评论和弹幕中，网友毫不吝惜自己的赞美之词。更有不少人点赞其"不迎合、不媚俗、不煽情"，在坚守传统中大胆创新，让民族艺术、传统文化彰显出强大的时代活力。

比利时华商时报主编姚伟是河南郑州人。当她看到《唐宫夜宴》时，非常震撼。她说，《唐宫夜宴》美在青春，美在真实，满眼都是厚重的中华历史文化，它是形式与内容、主观与客观的双重美，厚重的文化，滋养并触动了民族精神文化层面的需求与追求。

"《唐宫夜宴》激发了我一个梦想，我一定要到河南博物院去看看，尽情浏览厚重的黄河文化！"旅居加拿大多年的媒体人李娜说。

如果说文化自信为《唐宫夜宴》注入了灵魂，技术赋能则让节目抓到了年轻人的心，

导论

很多年轻人觉得"可以在其中 get 到炫酷的视觉盛宴"①，重新感受了传统文化的美轮美奂。

坚定文化自信具有重大现实意义和深远历史意义。请根据材料，谈谈你对"文化自信"的理解。

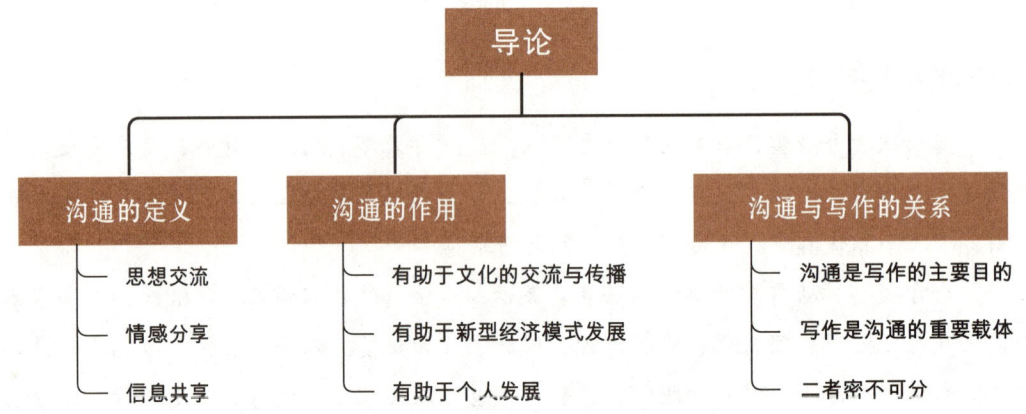

随着我国经济发展和国民生活水平的提高，对于保健品的需求也日渐增长，在迅速发展的保健品行业中，老年人成为消费的主力军。根据中国消费者协会发布的报告，大多数消费者对国内保健食品市场不太满意，很多保健品公司打亲情牌，用虚假宣传、夸大功效的销售方式忽悠老人购买保健产品，而当老人发现保健品有问题时，维权又比较难。

近日，某社区所在地派出所接到多起子女报案，说父母沉迷于购买保健品，有的老人一年花费十万元以上。但因老人购买属于自愿行为，派出所也无可奈何，只能将此情况反映给社区。社区了解情况后，准备定期举行"关爱老年人"的社区活动。为了配合活动，工作人员需要制定一些标语，以通俗易懂的形式，使老年人提高保健意识，进行理性消费。

---

① 王胜昔、崔志坚：《"唐宫夜宴"为什么能火？》，载于《光明日报》，2021-02-22。

请你按照社区的要求，制定一些标语，内容要求如下：

1. 朗朗上口、易于宣传。

2. 主题鲜明、针对性强。

3. 符合老年人的心理接受能力。

上编

日常沟通

人际交往，语言表达很重要

学习目标

1. 了解语言表达在人际沟通中的作用
2. 熟悉语言沟通的基本原则
3. 掌握人际沟通的基本方法

任务一

1-1

日常说话，言轻意重

　　诸葛亮舌战群儒是古典名著《三国演义》中的精彩片段。

　　曹操吞并荆州后，志得意满，写信给孙权劝降。孙权手下文臣倾向于投降，武将极力主战，孙权不置可否。为此，鲁肃特邀诸葛亮当说客。

　　在与东吴的谋士会见时，诸葛亮展现了绝佳的语言表达能力。

　　驳张昭，怒虞翻，讽步骘，斥薛综，讥严峻，笑程德枢，将一帮文臣说得哑口无言。

　　之后面见孙权，以反语激之，成功激怒孙权的反曹之心。

　　结果，孙刘联合，赤壁一战大破曹操，造就三国鼎立。

　　而刘备，从寄人篱下到一国之君，诸葛亮功不可没。

课堂讨论

1. 你熟知舌战群儒的故事吗？请分析诸葛亮每一次对答的逻辑。
2. 请两名同学以东吴谋士和诸葛亮的身份，追加问题进行辩驳。

项目一

语言表达在人际交往中的作用

古人云："人之所以为人者，言也"，语言是人类的独有特点，是我们最重要的交际工具。语言的力度之大，以至于诗人海涅感叹说："言语之力，大到可以从坟墓唤醒死人，可以把生者活埋，把侏儒变成巨无霸，把巨无霸彻底打垮。"

语言也是人们进行沟通的主要工具，中国古代有"一言以兴邦，一言以丧国"的历史记载，民间有"良言一句三冬暖，恶语伤人六月寒"的俗语，都说明一个现象：不同的语言表达方式决定了沟通的不同效果。

一、语言表达是人际沟通中自我形象的展示

周恩来总理是国际公认的具有大智慧的外交家，他机智的语言风格曾经征服过无数人，在国际舞台上大放异彩。

有一次，外国记者不怀好意地问周总理："在你们中国，明明是人走的路为什么却要叫'马路'呢？"周总理不假思索地答道："我们走的是马克思主义道路，简称'马路'。"

还有一次，在美国代表团访华时，曾有一名官员当着周总理的面说："中国人很喜欢低着头走路，而我们美国人却总是抬着头走路。"此语一出，四座惊讶。这时，周总理不慌不忙，面带微笑地说："这并不奇怪。因为我们中国人喜欢走上坡路，而你们美国人喜欢走下坡路。"

这两则小故事中，美国记者和官员的话都包含着对中国人的些许侮辱。但囿于外交场合，强烈斥责对方反而是一种外交失礼。可如果忍气吞声，听任对方的羞辱，则有失国威。作为一国总理，周恩来用自己的妙语，既礼貌回应了对方的质问，缓解了外交尴尬，又让提问者吃了哑巴亏，在国际上树立起了杰出形象。

政界如此，商界也不例外，一个人如果不能把语言和知识进行系统表达，就无法和人顺利沟通，无从进行商业活动。自儒商始祖子贡开始，"利口巧辩"即成为商业活动者的一大特点。现代社会，不少商业巨子更是把语言表达作为首选武器，为自己获得口才型企业家的称号。①商界人士的语言表达具有鲜明的个人风格，即不重滔滔不绝和咄

---

① 商业圈公认的口才型企业家很多，知名的有海尔集团首席执政官，蒙牛乳业集团董事长，万科董事会主席，上海复星集团董事长等人。

咄逼人，更关注思想和内涵的输出，这种风格也是自家公司的一张名片与活广告。

语言表达有助于自我形象的社会认同。社会认同是人类社会属性的重要表现，关系着人在群体中的形象。例如大卫·奥门博士曾说："当我们在人群中能清晰地把自己的思想和意念传递给别人时，就会发现，真正的自我正在人们心目中塑造一种前所未有的形象，产生前所未有的震击。"

总之，良好的语言表达能力，让每个人都可以给他人或公众展示出自我的仪态气质、兴趣爱好、知识储备、专业能力、道德修养等综合形象，达到帮助个人快速沟通的目的。

二、语言表达是沟通顺利进行的关键因素

肯尼迪政府学院有一门"商务沟通课"，其中，有一个重要的实用训练"The elevator briefing"：即如何利用与上司同乘电梯的时间（从一楼到 N 楼的一分钟甚至几十秒之内），向上司汇报清楚你想让他知道的事情，或者他应该知道的最重要的事情。

"The elevator briefing"的核心是在有效的时间内完成沟通，语言表达不但要简明扼要，而且要实现沟通目的。

"The elevator briefing"是职场沟通的一种表现，其对语言的要求也适用于其他人际沟通的场合。作为日常生活中不可缺少的一部分，人际沟通存在于家庭、学校、职场、社会等各个领域，沟通能否在这些承载体中顺利进行，有效的语言表达发挥了不可忽视的作用。

家庭和学校是个人生活和成长的场所。家庭中，温暖包容的语言拉近了家庭成员之间的距离，营造出和睦的夫妻和亲子沟通环境；在学校，教育工作者用善意和爱的语言培养学生，有利于创造和谐的师生关系，促进教育的发展和育人目标的实现。

职场和社会是个人活动的主要空间。职场是职业发展和能力施展的地方，良好的表达能力帮助个人与领导、同事、下属、客户等顺利交流，提高了工作成就和组织的沟通效率。社会是人际交往的舞台，文明得体的语言能减少人与人的摩擦纷争，促进彼此的谅解和交流，共创舒适自在的交往环境。

可见，于公于私，语言表达能力的作用都不可忽视，它是人际沟通顺利进行的关键因素。

三、语言表达有助于沟通的效果

> 战国时期，大国兼并战争日益激烈，国与国相争除了武力外，还需外交来辅助政治上的攻势，纵横家便应运而生。其中，惠施、公孙衍、苏秦、张仪、陈轸、楼缓、郭隗、虞卿、甘茂等都是杰出人物，而张仪帮助秦国离间六国，苏秦联合六国对抗秦国，更是历史上耳熟能详的故事。
>
> 汉代刘向在《战国策》中高度评价了纵横家的作用与影响，他说："横则秦帝，纵则楚王，所在国重，所去国轻。"

熟读历史的人都知道，春秋战国是中华文明思想碰撞最伟大的时代，诸子百家纷纷登场，群星璀璨，造就了华夏文明的荣耀。

春秋战国时期的纵横家用三寸不烂之舌，周旋于列国之间，挽狂澜于既倒，弭战事于无形，达到了极致的沟通效果，以至于获得"一言之辩，重于九鼎之宝；三寸之舌，强于百万之师"的评价。

现代社会，人与人之间的沟通交往日益频繁，语言表达的重要性有增无减。良好的语言表达成为集亲和力、凝聚力、穿透力、感染力为一体的内容，在沟通过程中无可代替。亲和力要求语言亲切温暖，凝聚力要求内容紧扣话题，穿透力要求观点掷地有声，感染力要求态度真诚包容，四种特点结合起来，会有效提升双方沟通的满意度。

满意度是一种心理的舒适度，也是沟通效果的体现。满意度在人与人的交流中非常重要，对方说出的话语让人听起来舒服舒心，我们才能愉快地进行下一步交流。并根据交谈的气氛，通过认真地聆听，适时输出自己的思想和见解，实现良好的沟通效果。

情境训练

王芳，××学院汉语国际教育专业的一名大四考研学生，该院院长是汉语国际教育专业的学术权威，王芳希望能在院长名下读研。但大学四年，王芳并没有与院长接触的机会，只通过其他老师得知院长治学严谨、关爱学生。在班主任的牵线下，院长答应周三的会议间隙可以见见王芳，见面时间大概5分钟。

问题

1. 请以王芳的名义，分别准备一分钟、三分钟的口头陈述，达到毛遂自荐的目的。

2. 根据同学们的发言，点评其效果。

1-2

任务二

深入交谈，有规可循

案例导入

屈原既放，游于江潭，行吟泽畔，颜色憔悴，形容枯槁。渔父见而问之曰："子非三间大夫与？何故至于斯？"屈原曰："举世皆浊我独清，众人皆醉我独醒，是以见放。"

渔父曰："圣人不凝滞于物，而能与世推移。世人皆浊，何不淈其泥而扬其波？众人皆醉，何不哺其糟而歠其醨？何故深思高举，自令放为？"

屈原曰："吾闻之，新沐者必弹冠，新浴者必振衣；安能以身之察察，受物之汶汶者乎？宁赴湘流，葬于江鱼之腹中。安能以皓皓之白，而蒙世俗之尘埃乎？"

渔父莞尔而笑，鼓枻而去，乃歌曰："沧浪之水清兮，可以濯吾缨；沧浪之水浊兮，可以濯吾足。"遂去，不复与言。

1. 认真阅读屈原与渔父的对话，分析二人在思想认识上存在的差异。
2. 根据本文，谈谈你对屈原观点的看法。

知识讲解

人际关系，沟通有原则

在很多人看来，人与人之间的沟通交流，无非就是你言我语的事情。有学者甚至自信地说："语言最能暴露一个人，只要你说话，我就能了解你。"但事实并非如此，人心是这个世界上最难猜测的东西，我们可以对话，但不见得都能取得良好的沟通效果。

为了在人际关系中达到良好沟通，我们需要在真诚的基础上进行交谈和对话，并遵循共同的原则。

一、重视第一印象

与初次相识的人进行对话时，第一印象非常重要。

《三国演义》中"赔了夫人又折兵"的故事喜闻乐见。

赤壁之战后，周瑜因刘备借荆州不还，用招婿的名义诱惑刘备来到江东，想借此扣押刘备做人质。但因刘备有"龙凤之姿，天日之表"，吴国太一眼看中了刘备，不顾刘备年逾半百，认可了这门亲事。孙权是个孝子，虽然百般不同意，还是把妹妹孙尚香嫁给了刘备。二人成亲之后，孙尚香跟随刘备回到荆州，周瑜则落了个"赔了夫人又折兵"的笑话。

在这个故事中，刘备虽然已年逾半百，但因为气度不凡，获得了吴国太的青睐，既保证了自己的安全，又抱得美人归，一举两得，气坏周郎。可见第一印象的重要性。

在心理学中，对第一印象的解释有一个专门的名词："首因效应"。针对其的研究发现，与一个人初次会面，45秒内就能产生第一印象，这一最先的印象对他人的社会知觉产生较强的影响，且在对方的头脑中形成并占据着主导地位。

第一印象常常表现在对方的性别、年龄、表情、姿态、仪表等。它反映了个人的基本素养和个性特征，往往成为首次见面之后能否继续交往的基础。

二、具备包容心态

包容开放的心态对于人际交往至关重要。

管仲年少家贫，与鲍叔牙一起做生意，分财的时候大头给自己，鲍叔牙没有怨言。帮鲍叔牙办事，事情越办越糟糕，鲍叔牙也不抱怨。三次当官三次罢官，鲍叔牙没有嘲笑他。打仗三次逃跑，鲍叔牙理解他孝母之心。管仲被囚禁后，鲍叔牙主动向公子小白举荐，且官位在自己之上，致使管仲叹曰："生我者父母，知我者鲍子也。""管鲍之交"也成为交友的美谈。

鲍叔牙的胸襟在古代备受人们赞誉，在现代社会同样值得我们学习。

现代社会的人际关系比古代要复杂得多，包容和开放已不仅仅是一种人生态度，也是一个人沟通能力的象征。

包容，要求人们在人际交往中平和淡定，接受不同的人和事。开放，要求在与人沟通时，愿意听取别人的意见，并把对方的信息吸纳进来，重新整理和修缮，对外输出一个更好的结果。

欲达到包容开放的心态，可以采用知名沟通专家脱不花[1]的训练办法，从三个步骤去培养：

首先，把自己知道的信息，尽量用对方听得懂的语言表述出来。

其次，用一些开放性的提问，激发对方兴趣，引导对方说出自己想知道的信息。

最后，在达成一致的基础上探寻双方都不知道的知识，一起寻找答案。

这是一个简单的公式，可以概括为"接受异议＋扩大共识＋消除盲区"。掌握此公式，灵活运用，有助于培养自己包容开放的心态，建立良好的人际关系。

三、明确自我认知

正确认识自我是人际交往的出发点。

> 有一个青年问："大师，为什么我每次相亲都还没说两句话，女方就直接走人了？"
>
> 大师别过脸去，只是掩面不说话。
>
> 青年一下恍然大悟："是不是说我该做个安静的美男子。"
>
> 大师忍无可忍道："年轻人，以后少吃大蒜，嘴这么臭，离我远点。"

会心一笑之后，我们是不是应该感谢大师的犀利？

对于那些不能正确认识自我的人，吃点苦头是人生常态。因为道理很简单，在交谈中，只有正确地认识自己，尊重他人的态度与评价，并冷静分析，才能建立有效的人际关系。

正确认识自我要避免"走极端"的交谈方式。人际交往不是简单的非黑即白，而是复杂多样，就如涨薪只是目的，如果谈不妥，也没必要撂挑子走人或者跟老板大吵一架，极端的交谈不是成熟的思维方式。

正确认识自我可以采用"镜子法则"，即以照镜子的方式审视自我，正视自身的问题，时刻提醒自己保持一种谦逊平和的心态，营造出基于同理心的良好沟通氛围，为顺利沟通打下基础。

四、掌握说话分寸感

分寸感是一种说话的艺术。

> 《红楼梦》中的宝钗，正是这样一位说话有分寸的人。
>
> 大观园有次举办宴席，姑娘们高高兴兴行酒令，轮到黛玉时，她脱口而出

---

① 罗辑思维 CEO，管理咨询顾问，畅销书《沟通的方法》作者。

项目一

了《西厢记》中的一句戏文"良辰美景奈何天"。

然而，在封建时代，读《西厢记》可是不务正业的行为。

细心的宝钗留意到了黛玉的失言，但当着长辈和一众丫鬟的面，宝钗并未当面指出黛玉的不妥。等到宴席散尽，四下无人之时，宝钗才去悄悄地提点黛玉：

"男人们读书若是不明理，拣那些杂书看了，移了性情，尚且不如不读书的好，何况你我？"

黛玉顿时意识到了自己昨天在宴席之中的失言。

宝钗此举，既提醒了黛玉要慎言，又顾全了黛玉的颜面，不至于让她在大众面前尴尬。宝钗的这种分寸感，其实就是说话的智慧。

哲学家周国平说过："分寸感就是懂得遵循人与人之间的距离，这个距离意味着对对方作为独立人格的尊重。"

在人际交往中掌握好说话的分寸感，会拉近人与人之间的距离，帮助自我站在别人的角度思考问题；掌握不好说话的分寸感，不仅让别人尴尬，而且容易得罪他人，破坏正常的人际关系。

所以，掌握好说话的分寸感，也就掌握了交谈的艺术，掌握了社交的技能。

 情境训练

大学同学来自五湖四海，个性相异，共处一室，难免会产生矛盾。

苏苏、毛毛在同一个宿舍，两人床铺挨着。毛毛每次上床后乱扔拖鞋，经常把不老实爬梯子而直接跳下来的苏苏绊到。

新年后，苏苏失恋了，心情特别差。开学已经两周，苏苏仍然沉浸在痛苦中。

周日晚上，苏苏起来去卫生间，下床时被毛毛的拖鞋绊了一下，头磕到柜子上。

苏苏急了："你把拖鞋放这儿，是成心想绊死我吧！"

毛毛辛苦一周的方案刚被社团负责人否决掉，憋了一肚子气，也不甘示弱："你自己不看路，跟我的拖鞋有什么关系？"

苏苏"哇"的一声哭了："你们都欺负我，连拖鞋都欺负我。"

毛毛："谁欺负你了，是你自己玻璃心。"

两人争吵起来……

 问题

如果你是另外一个室友，你怎么解决二人之间的纷争？

1-3

任务三

▶ 高效沟通，有法可依

项目一

案例导入

　　2006 年热播电视剧《武林外传》中，郭芙蓉和吕秀才已确定了情侣关系，下面是二人有关"剪头发"的一段对话。

　　郭芙蓉：你说我要不要剪个短发？

　　吕秀才：想剪就剪呗！

　　郭芙蓉：但是我留了很久头发才长到这么长的。

　　吕秀才：那就不剪。

　　郭芙蓉：但是现在流行短发啊！

　　吕秀才：那就去剪。

　　郭芙蓉：可我觉得我适合长发。

　　吕秀才：那就不剪。

　　郭芙蓉：但是朋友们都说我更适合短发。

　　吕秀才：那就去剪。

　　郭芙蓉：如果剪完不好看你要负责。

　　吕秀才：那还是别剪了。

　　郭芙蓉：但是现在太长了，睡觉的时候你总是压到我的头发。

　　吕秀才：那就去剪。

　　郭芙蓉：但剪了短发还要经常去修，麻烦。

　　吕秀才：那就不剪。

　　郭芙蓉：但是短发干得快啊，现在洗完头，吹干太浪费时间了。

　　吕秀才：那就去剪。

　　郭芙蓉：如果剪完我后悔了咋办？

　　吕秀才：那就不剪。

　　郭芙蓉：但我觉得我还是可以去尝试一次短发的，你说呢？

　　吕秀才：走开，我不想和你说话。

项目一

课堂讨论

1. 郭芙蓉和吕秀才的沟通为什么不顺畅？
2. 代入双方角色，请重新组织一场有效的对话。

知识讲解

高效沟通的方法

不止一个哲人说过，这个世界其实很简单，但是人心很复杂。

人心越复杂，交谈的困难就越多，不是每一次打开天窗，都可以听到"亮话"。

在交谈中，有人习惯用话外之音，有人想隐瞒真相，有人心怀敌对情绪，有人妄图提供虚假信息……这种情况下，我们必须交谈有"术"，通过控制交谈，获得语言背后的事实和真相，才能避免尴尬和陷入圈套。

一、学会倾听

倾听是沟通中的一个法宝，不善倾听常常会造成尴尬的局面。

> 巴顿将军为了显示他对部下生活的关心，搞了一次参观士兵食堂的突然袭击。在食堂里，他看见两个士兵站在一个大汤锅前。
>
> "让我尝尝这汤！"巴顿将军向士兵命令道。
>
> "可是，将军……"士兵正准备解释。
>
> "没什么'可是'，给我勺子！"巴顿将军拿过勺子喝了一大口，怒斥道："太不像话了，怎么能给战士喝这个？这简直就是刷锅水！"
>
> "我正想告诉您这是刷锅水，没想到您已经尝出来了。"士兵答道。

不善倾听，导致巴顿将军的行为变得很愚蠢，传出去就成了笑话。

倾听的重要性无须多言，作为高效沟通的一个前提，倾听是掌握别人内心世界的一把钥匙。

我们都知道，沟通包含了单向和双向的渠道。但是，理想的沟通不应该是单向的信息传递，而是通过听众的深度参与，一起构建最优结果的双向交流过程。

这个深度参与，其实就是认真倾听的过程。通过认真的倾听，我们会发现每一个人身上的闪光点，观察自己在对方眼中的投影，并通过对方的反应发现交谈中的问题，提醒自己及时调整方向，推动对话顺利进行。

倾听的办法很多，常见的有仔细聆听、认真观察、深入思考、表达感受、亲切询问、做好记录等方式。但切记，每一种办法都需要在实践中运用，多次反复练习后，方能谙熟倾听的技巧，在交谈中让对方感受到理解和尊重，构建和谐的人际关系。

二、认真观察

在电视剧《神探夏洛克》[①]中，福尔摩斯最爱对华生说的一句话："华生，你只是看，不是观察。"

> 第二季的第二集，当追查"巴斯克维尔猎犬的秘密"时，遇上了老熟人警长葛瑞克，本来想独立破案的夏洛克对于警长的参与大为恼火。
>
> 夏洛克：你怎么在这里？
>
> 葛瑞克：我在度假。
>
> 夏洛克：放屁，你黑得跟木炭似的，显然是刚度假回来。
>
> 葛瑞克：我还想再度一次假。
>
> 夏洛克：你明显是受上司命令监视我的。

夏洛克通过观察揭穿了葛瑞克的谎言，但他很幸运，葛瑞克是他的好朋友，即使被嫌弃，还一直守在他的身边。

对普通人来说，观察是人际沟通顺利进行下去的必备步骤。

观察的内容很多，如注意对方的语气语调、面部表情、体态手势、目光接触、身体距离等。观察能力可以经过训练获得，常见的方法如下：

一是确定客观情况。客观情况即你观察到的结果，你需要清晰地描述，不做主观判断或评估，同时注意控制情绪，保持第三人立场。

二是清晰表达个人感受。你可以选择恰当的词语表达自己的感受，如开心、舒服、平静、难过、委屈、痛苦等感受性词语，态度要真实诚恳，不要隐藏问题，开诚布公。很多问题，说出来了就不是问题；很多怨言，拿到桌面上来说，发现都是误会。

三是以结果为导向。始终记得你的沟通目的是什么，沟通过程中要提醒自己及时检查沟通的效果，并反思成功和不足之处。对于一些明显的错误，尽量寻找解决问题的客

---

① 《神探夏洛克》(Sherlock)，是英国广播公司（BBC）自 2010 年出品的电视系列剧，截至 2015 年，系列剧集在英国电影和电视艺术学院电视奖中获得了包括最佳剧集在内的 10 个奖项，而在艾美奖上则夺得最佳男主角、最佳男配角、最佳编剧等 7 个奖项及 21 项提名。该剧也刷新了英国自 2001 年以来的收视纪录，并在超过 200 个国家及地区播放。该剧在中国地区大受欢迎，四部剧集豆瓣评分均在 9.5 以上。

观办法，并将之作为下次的沟通指导。

总之，观察，是透过现象发现问题本质的过程，观察要求你意识到身边的情况，了解到发生这种情况的原因，并正确地表达。人际交往中的观察，对于良好的沟通起到不可替代的作用。

三、语言得体

对话中得体的语言是高情商的一种体现。

> 众所周知，古汉语有四声：平、上、去、入。
>
> 南朝时的沈约最早发现了汉语的四声，并写了专著《四声谱》。但梁武帝总觉得他是在胡扯。
>
> 有一次，梁武帝问另一个音韵学家周舍："何谓四声？"
>
> 周舍应声回答："天子圣哲是也。"
>
> "天子圣哲"四字，天为平声，子为上声，圣为去声，哲为入声。
>
> 梁武帝听后龙颜大悦。

得体的语言有几个基本要求：

一是言语真诚。白居易曾说"动人心者莫先乎于情"，真诚的言语看不出虚伪的奉承和吹捧，更多是对人的欣赏和肯定，是一种至高的语言魅力。

二是因人而异。一千个读者眼中有一千个哈姆雷特，不同的环境、不同的时机、不同的对象，言语表达的内容要有所不同。在复杂的人际关系中，从来没有统一的对话模板，要根据情况而选择。

三是适度赞美。哲学家威廉·詹姆斯曾说："在人类天性中，最深层的本质是渴望得到别人的重视。"赞美，是对个人价值的肯定与尊重，可以有效地改善与身边人的关系。赞美要求从个人的角度看到闪光点，真诚地表达出来，给谈话者带来心理上的愉悦。

四、巧妙发问

《礼记·学记》中说："善问者，如攻坚木，先其易者，后其节目。"

> 金庸先生的《射雕英雄传》第十六回"桃花岛主"中有一个场景：
>
> 郭靖在桃花岛与黄蓉失散后，偶遇老顽童周伯通，因与全真教太有渊源，加上人品魅力，被老顽童抓到结拜了兄弟。
>
> 老顽童最喜欢听故事和讲故事。某天，老顽童给郭靖讲《九阴真经》的来历，

讲到作者黄裳痴迷武功，苦练 40 年时，兴高采烈，手舞足蹈。但郭靖因自小练武吃透了苦头，兴致不高。周伯通见他不大起劲，说："你如不问后来怎样，我讲故事就不大有精神了。"郭靖道："是，是，大哥，后来怎样？"周伯通才兴致勃勃地继续讲下去。

项目一

演说家安东尼·罗宾[①]认为，交谈中巧妙的发问具有不可思议的良好效果，其能迅速缓解对话中的困窘，快速扭转双方的注意力，帮助交谈者发掘出可用的资源，从而顺利地达到对话目的。

但交谈中的发问也有一些注意事项，如问的题目要适合，不要触及对方敏感神经；问的技巧要得体，以对方能够接受的语气和方法；提问要考虑对方的年龄、身份、文化素养、性格特征等。

对于普通人来说，在对话交际中适时的提问，既可以有效地调动对话效果，又能让谈话的人感觉到自己的重要性，产生心理满足感，从而达到"对话交际是语言的生命真正所在之处"。

总之，人际交往中的口头表达永远是个复杂的话题，群体社会，既然交际无法避免，就要学会好好说话，让生活变得轻松一些。

直言与迎合，孰是孰非?

唐太宗时期的名臣魏征，以敢于进谏著称。

在《沟通与写作》课程的讨论环节中，A 同学说："我很欣赏魏征，'素有胆智，每犯颜进谏，虽逢王赫斯怒，神色不移'。"

B 同学反驳道："魏征那是运气好，遇到了千古明帝，搁到现代，早被老板解雇了。"

A 同学："魏征坚持原则，刚正不阿，强过太多溜须拍马的迎合之辈。"

B 同学："溜须拍马未必是小人，只要达到目的，不用过多讲究方式。"

二人在课堂上争辩起来……

---

① 安东尼·罗宾 (Anthony Robbins)，1960 年 2 月 29 日出生于美国加利福尼亚，他是世界潜能激励大师、世界上第一名成功学导师、全球五大演说家之一。他的主要著作有《激发个人潜能 II》《激发无限的潜力》《唤起心中的巨人》《巨人的脚步》和《一分钟巨人》等，被翻译成数十种译本。

项目一

问 题

请你根据两名同学的不同观点，谈谈不同语言表达的沟通效果。

北宋徽宗时期，18 岁的王希孟用半年时间完成了一幅画——《千里江山图》，展现了千里江山的绝妙风光，成为中国十大传世名画之一。

一千多年后，舞蹈家周莉亚和韩真在故宫博物院一睹真迹后，遂以此画为基础，花费 2 年时间，创作出一部 2 个小时的舞蹈诗剧——《只此青绿》。

《只此青绿》创作过程非常不易，表现如下：

1. 主创人请教了多位专家，翻阅了无数典籍，花了 8 个月将舞蹈动作全部创作出来，之后又用了半年的时间，教授给舞蹈演员。

2. 女演员为达到宋女肩削瘦、体下沉的柔弱之美，本就轻盈的体态还要再减重。男演员天天跟着老师学国画，从白描到上色再到点染全部学习。

3. 为了让演员们能更真实地体会宋风雅韵，还请来了几位非遗传承人，给演员现场展示颜料、毛笔、丝绢等非遗产品的制作过程。

4. 演员造型参考古画，妆容古典柔美，服装造型设计强调宋代崇尚的清瘦感，使人物举手投足间更为钟灵毓秀、超凡脱俗。

2021 年 8 月，《只此青绿》在国内首次播出，创下 2.47 亿曝光量，《人民日报》、人民网等各大官媒争相报道。之后在全国 16 个城市巡演，50 场演出，每场都是一票难求。

2022 年春晚，《只此青绿》以 6 分钟的片段，收获了亿万观众的赞叹。

长长的画卷，连接了"宋代"的工匠与现代的文艺工作者，为不同群体欣赏艺术开拓了良好的沟通渠道。

讨 论

1. 《只此青绿》深受年轻人的喜欢，原因是什么？
2. 你如何理解"工匠精神"在不同领域的体现？

知识图谱

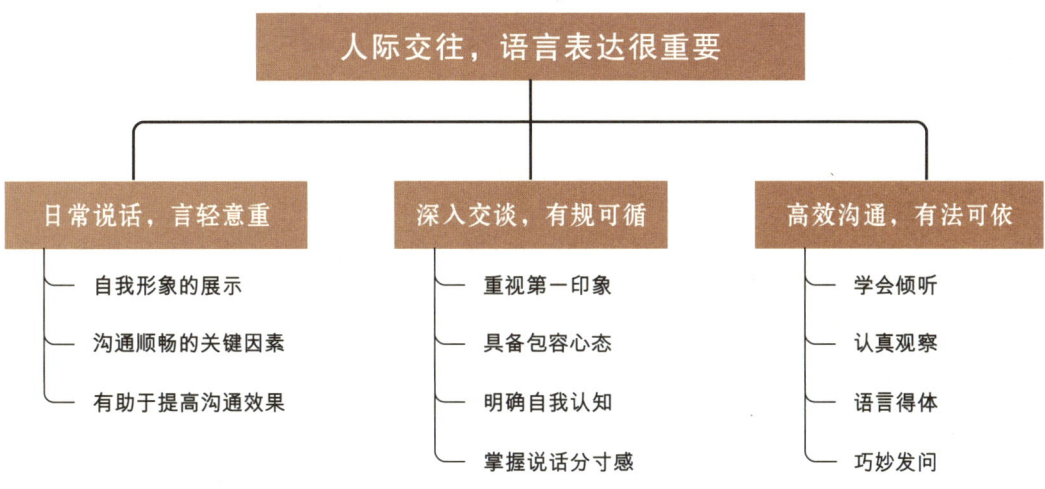

课后作业

　　2021 年 2 月 21 日，河南省郑州市张女士的父亲开车，载其家属 4 人沿 341 国道行驶时与其他车辆发生碰撞。当日晚，交警判定张父因未保持与前车安全距离，对事故承担全部责任。

　　对于此次事故，张女士认为是特斯拉的刹车有问题，张父有 30 多年驾龄，在道路行驶中多次刹车，但车辆并未减速，以致造成交通事故。故此，张女士要求特斯拉提供刹车数据，并对数据产生怀疑。与特斯拉官方多次沟通未果后，张女士选择在网上发布疑问，并于 4 月 28 日在上海车展上演"维权"事件，引发众多特斯拉车主的支持。

　　针对消费者的维权行为，特斯拉全球副总裁、主要负责大中华区的公关和市场等事务的 T 女士，在接受媒体采访时说："我们（特斯拉）每个季度发布的安全报告，都可以显示，特斯拉的车尤其是用了自动驾驶的系统之后，有效地提升了车辆安全……在车辆的使用环节，还需要加强对消费者的教育，比如说，我们现在其实需要去跟驾校、交通部门合作，让大家了解新型汽车的使用方法，避免在使用环节的失误操作，或者说因为功能上不太了解而带来的一些其他的问题。总体来讲，智能汽车肯定是会比以前的传统汽车更加安全。"

　　但是，维权者和看热闹的观众只关注到了"消费者应该接受再教育"的字眼，一时之间，特斯拉卷入了强烈的负面新闻报道中。

任务

　　1. T 女士的发言为什么引起了消费者的抵制情绪？

　　2. 如果你处在 T 女士的位置上，面对记者的采访，你会怎么说？

公众场合，发言得体是关键

1. 了解公众场合的发言形式
2. 熟悉公众场合的发言要领
3. 掌握公众场合的发言技巧

2-1

任务一  有内容的演讲

××大学校长在2020年学生毕业典礼暨学位授予仪式上的讲话

各位来宾，各位老师、家长，亲爱的同学们：

大家上午好！

毕业典礼进行到现在，我感到非常激动。看到那么多优秀学子把他们在求学期间所思所悟与大家分享，看到我们的校友邱爱慈院士把她一生的感悟以及对你们未来的期许语重心长娓娓道来，也看到我们的家长代表，把自己对学校的情怀、对你们的祝福由衷地表露，都让我感动不已。众所周知，今年是特殊的一年，我们在室外体育场举行一次特殊的毕业典礼，我想在大家一生当中，都不会忘记这一庄严时刻。

当今世界正面临百年未有之大变局，这次新冠肺炎疫情也加剧了变化进程。

身处这个纷繁多变的世界中，你们即将步入人生新阶段，如何应对变化挑战？如何走好未来之路？我想告诉大家，第一点就是：支撑你们一生发展的最重要的不竭动力就是家国情怀。如果人的一生没有这样的动力支撑，他很难持续且近乎完美地书写出精彩篇章。

习近平总书记讲过，一个国家、一个民族不能没有灵魂。换言之，一个没有灵魂的民族注定是没有希望的。那么我们必须知道，什么才是一个国家、一个民族的灵魂？4月22日，习近平总书记来校视察时已经给了我们答案，"西迁精神的核心是爱国主义，精髓是听党指挥跟党走"，这就是我们要秉承的家国情怀。

秉承家国情怀，无论你身处何时何地，无论遇到什么艰难险阻，都不会感到害怕，都会坚持下去，勇敢地越过一个又一个的沟坎。为什么？因为你心中有家国，心中有动力，知道这个社会未来有你一份责任，你要主动承担这份责任，这种情怀将支撑你一生发展。

一个没有家国情怀的人，他的人生是短暂的，你看到那些为社会、国家和民族做出贡献的人，无一不是具有家国情怀的人。在家国情怀的支撑下，你将拥有全局思维，关心世界潮流发展走势，关心国际社会风云变化，关心科技革命蓬勃进展，明白自己所在的岗位如何与未来密切关联。你也会拥有底线思维，认识到未来之路是不平坦的，充满曲折艰辛，但要守住底线，保持本心。

第二，优秀的品德是支撑你人生辉煌的基础。中国古语云：有德无才，德不足以促其成；有才无德，才必助其奸。什么意思？一个没有道德品行的人，纵使他满腹才华，也是社会所摒弃的"害虫"，只能给这个社会带来灾难。唯有德才兼备的人，才能成为这个社会发展的脊梁。

德才兼备，德行为先，优秀的品德是成就你一生辉煌的基础。无论你将来身处什么岗位，品德都是优先看重。想要做到这点说起来容易，行动起来难。在这场疫情面前，我们看到，有些人表现非常优秀，他们舍弃了个人之安危，奔向最前线，把自己奉献给社会，为社会的安定做出不朽的贡献，令国人感动，为后世记载；有些人表现大跌眼镜，其个人之贪欲、私欲暴露无遗，以我为中心，不关心他人，造成了社会分裂、文化割裂，为人类社会所不耻。

所以这次疫情是大考验，考验人类社会，考验世界各国，也考验每个个体。无论将来大家身处何地，优秀的品德是你所必须拥有的。要学会涵养品德，知道人类命运共同体才是当今世界文明之核心。你中有我，我中有他，大家命运

相关，休戚与共，国与国如此，人与人如是。这场疫情带给我们很多思考，我们要学会从中提炼升华出经验方法，融入自己未来的事业之中。

　　第三，要主动作为。这个社会不同情可怜之人，千万不要把自己未来的事业寄托于别人的帮助下。一个国家想富强、民族要振兴只有靠自己，我们感谢别人的帮助，但我们不依赖别人的帮助。如果没有主动作为，不可能实现个人未来的梦想，更不可能实现民族复兴伟业。主动作为是一个个体、一个国家走向成功的必由之路。希望你们走向社会后，不要认为自己年少不经事，别人就应帮助你，社会该帮助你，工作做不好，责任都在别人。如果这样想，那是一个永远长不大的巨婴，我相信你们一定不会这样。

　　刚才我从几个毕业生代表的发言中看到了自强自立的精神，看到了你们渴望成为社会栋梁的雏形。希望大家记住，靠我们自己，要主动作为。但是当我们成功了，乐于奉献、帮助别人也是主动作为，只有到那个时候，我们每个人才真正体会到社会的温暖、母校的温暖、朋友的温暖、同学的温暖。

　　这三点希望同学们记住，在这样一个多事之秋，我们举行了一次特殊的毕业典礼，希望同学们将其作为未来发展的体悟所得，为未来发展奠定坚实的思想基础和品格基础，融入未来的行动之中。

　　我期待着，我也相信我们×大人注定会成为支撑社会持续发展的栋梁之材。

　　谢谢大家！

1. 请结合这篇演讲稿的内容谈谈自己的感受。

2. 要想成为社会的栋梁之材，除了秉承演讲稿中的观点外，还能从哪些方面努力？

知识讲解

演　讲

　　《鬼谷子》中有这样一句话：“口者，心之门户，智谋皆从之出。”翻译成现代文就是：嘴巴是一个人心灵的窗户，智慧谋略都是通过它来实现。如果要从现有的表达中找出“智谋皆从之出”的形式，演讲一定当之无愧。

　　演讲是什么？拆开来看就是表演和讲话；合起来就是在公众场合，针对某个具体问题、事件、观点，鲜明完整地发表自己的见解和主张，达到说服别人或影响听众的目的。

一、演讲原因

> 2018 年 11 月 8 日，中国作家刘慈欣被授予 2018 年度克拉克想象力服务社会奖，表彰其在科幻小说创作领域做出的贡献。刘慈欣拿到奖项之后，发表了演讲。
>
> 他说："这个奖项是对想象力的奖励，而想象力是人类所拥有的一种似乎只应属于神的能力，它存在的意义也远超出我们的想象。"
>
> 他感谢了孕育其思想的祖国："中国是一个充满着未来感的国度，中国的未来可能充满着挑战和危机，但从来没有像现在这样具有吸引力，这就给科幻小说提供了肥沃的土壤，使其在中国受到了空前的关注。作为一个在 20 世纪 60 年代出生在中国的科幻小说家，则是幸运中的幸运。"
>
> 他表达了科技发展对人类想象力的削弱："在 IT 所营造的越来越舒适的安乐窝中，人们对太空渐渐失去了兴趣，相对于充满艰险的真实的太空探索，他们更愿意在 VR 中体验虚拟的太空。说好的星辰大海，你却只给了我 Facebook。"
>
> 他提到了作家的使命："无垠的太空仍然是人类想象力最好的去向和归宿，我一直在描写宇宙的宏大神奇，描写星际探险，描写遥远世界中的生命和文明。"
> ……

在刘慈欣的作品中，他描写过战争与和平、光辉与梦想、失意与陨落。他用冷峻的笔调，将自己藏于幕后，不轻易袒露主观感受和个人视角。但在他的演讲中，我们看到了真挚与诚恳、情怀和使命、思考及探寻。

名人借助语言的魔力展现自我，那么，普通人为什么需要演讲？

首先，演讲是一种能力体现。演讲就是公开发言，这是展示自我的良好方法；演讲中需要与听众适时互动，这是增强沟通效果的方法；演讲有一定的目的，这是达成个人乃至团队目标的有效途径。

其次，演讲是一种社会需求。校园的演讲没有太多功利色彩，但进入职场后，展示个人、推销产品、形象宣传，许多场合都需要演讲的能力。

最后，演讲具有不可忽视的影响力。演讲中不管是讲故事，还是讲道理，最终目的都是让人们接纳你的观点，对别人产生影响力。

二、演讲原则

全球知名演讲平台 TED 上有一个经典演讲，名字叫《睡眠是你的超能力》。演讲人是一位研究生理学的科学家，名字叫马特·沃克。

在演讲的开头，马特·沃克用数据展示了睡眠不足（每日只睡 5 个小时）对人们造成的危害。比如，男性会老十岁，女性不宜怀孕，严重影响生殖健康。

之后，他用多年的科学研究成果阐述了自己的观点：

1. 睡眠充足可以帮助我们增强记忆能力，保存学过的知识。

2. 睡眠不足容易引起生理上的衰老和痴呆。

3. 睡眠不足会引起免疫系统的紊乱，触发各种生病机制。

最后，他总结说："睡眠是一个不容置疑的生理需要，它是我们的生命支持系统，它是自然母亲对永生做的最大努力。所以，为了大家的健康，睡个好觉吧。"

该演讲在 TED 的播放量排到了前十，网络评论区下清一色的正面评论，很多嚷嚷着"越熬越快乐"的年轻人甚至成立了早睡社区，可见其演讲的成功。

成功的演讲一般都会遵循如下原则：

一是听众思维。套用名人的话就是，不要问你的观众能为你做什么，而要问你能为观众做什么？不管是感动的故事、喜悦的情绪、深邃的思想，还是独到的智慧等，演讲者的输出形式不重要，听众有所收获才是演讲价值的判断标准。

二是观点鲜明。内容或观点要挑战听众已有认知，欲产生"自古逢秋悲寂寥，我言秋日胜春朝"的效果，你就要有"问渠哪得清如许，为有源头活水来"的启发性观点。

三是表述的个性化。演讲者的表达风格没有统一定论，不管是"大弦嘈嘈如急雨"，还是"小弦切切如私语"，抑或"大珠小珠落玉盘"，都要根据自身特点而定，找到最适合自己的演讲形式。

三、演讲技巧

1883 年 3 月 14 日下午，全世界无产阶级的革命导师，"当代最伟大的思想家"马克思长眠于他的安乐椅上。3 月 17 日，马克思被安葬在伦敦海格特公墓，家人免除了一切仪式，只有一些忠实的朋友站在墓旁。恩格斯用双语向他的挚友致最后的告别词，这就是著名的《在马克思墓前的讲话》。

开头一段，恩格斯深情地回顾了马克思的最后时刻："3月14日下午两点三刻，当代最伟大的思想家停止思想了。让他一个人留在房里还不到两分钟，当我们进去的时候，便发现他在安乐椅上安静地睡着了——但已经永远地睡着了。"

第二段，他总结了马克思逝世的意义："对于欧美战斗的无产阶级，对于历史科学，都是不可估量的损失。"

第三段到第八段，恩格斯从三个方面论述了马克思作为思想和行动巨人的主要发现和贡献：发现了历史唯物论、发现了剩余价值秘密、为无产阶级革命事业所做的不朽贡献。

第九、十段，他对马克思的一生进行了赞扬："在整个欧洲和美洲，从西伯利亚矿井到加利福尼亚，千百万革命战友无不对他表示尊敬、爱戴和悼念，而我敢大胆地说：他可能有过许多敌人，但未必有一个私敌。""他的英名和事业将永垂不朽！"

恩格斯博学多才，精通十多种语言，是名副其实的语言大师。在马克思葬礼上的讲话，语言精练，删繁就简，恰到好处地概括了马克思一生的主要功绩。通篇讲话结构严谨，情感真挚，一气呵成，既迎合了庄重、神圣的历史时刻，又以娴熟的技巧成为演讲的经典之作。

恩格斯的学识和能力普通人望尘莫及，但我们可以从恩格斯的讲话技巧中获得经验。

一是主题明确。不管是阐明事理、展示观点，还是抒发情感、宣传鼓动，或是描述想法，表达愿景，都要有明确的主题，如"千里马常有，伯乐不常有"。

二是真实诚恳。真实是演讲者最好的表达，也是与观众进行情感连接的最好手段，"君子养心莫善于诚，至诚则无它事矣"，诚挚与真心能换来尊重与聆听。

三是语言通俗。"大道至简"，不要把自己的理解力等同于观众的理解力，尽量把复杂的问题简单化，短句、事例、数字或故事都能成为有效的表达方式。

四是逻辑严密。逻辑是一种思维能力，良好的思维逻辑能搭建起完整的发言框架，使之井井有条、环环相扣，给观众带来丰富的精神盛宴。

五是重视名句。名言警句可以作为有效的观点表达句。如果有条件，也可根据全文内容，自行提炼哲理语句，并使之成为独有表述，带给观众启发意义。

以上几点也可称为演讲的技巧，但技巧这个东西，要辩证看待。老子在两千多年前就鄙视了所谓的规则和技巧，说"大音希声，大象无形"，演讲也是如此。对学习者来说，没有永恒的技巧。我们能做的就是取彼之长，扬己之长，不断学习，持续训练。"一

旦胸中有丘壑，便引诗情到碧霄"，就可以成为轻而易举之事。

网络上风靡一时的"巴掌脸、A4腰、反手摸肚脐、锁骨放硬币、筷子腿"等潮流，通过对女性身体的狭隘定义，制造了不同年龄阶段的"容貌焦虑"。

问 题

据调查，超六成的大学生有容貌焦虑，在六成人中，女生的比例大于男生。作为一名在校大学生，请你结合自身的经历，以"容貌焦虑"为核心词汇，准备一个5分钟的演讲，并在课堂上展示。

要求：1. 内容健康。

2. 观点鲜明。

3. 表达得当。

任务二  有逻辑的辩论

2-2

案例导入

国内 ×× 台推出一档综艺辩论节目，某期设置了一个选题"年纪轻轻'精致穷'，我错了吗？"

A队成员的观点是："我为我喜欢的东西花钱，这是我的精神自由，我有什么错？"

B队成员进行了反驳，内容概述如下：

1. 你的观点核心是精神自由，但你要知道，精致的生活不是你来定义，是互联网用流量和网红定义的，你没有自由选择的权利。

2. 因为你不能自由选择，经常被别人引导精致生活，所以会囤积很多无用的网红产品。这些"精致"的东西并没有让你享受到太多快乐。

3. 你感觉到这些"精致"的快乐，应该是下单的那个瞬间，但它的特性不

能持久。

4. 为"精致"买单太多，穷就不可避免。"精致穷"让人表面风光，内心焦虑，不敢离开工作，不敢不健康，这是困窘，不是自由。

5. 你的精神一点都不自由，真正的自由是不贫困的自由，是可以对抗时代风险的自由。

1. 你认同 B 队辩手的观点吗？请结合自身的经历谈一谈。

2. 请总结一下 B 队辩手言辞中的"逻辑"体现。

知识讲解

辩论与逻辑

辩论是一种古老的交谈艺术，有漫长的发展历史。

在西方，辩论发源于古希腊时期，本意是讨论、切磋，后经苏格拉底、柏拉图、亚里士多德三代师徒发扬光大，成为传授知识、传播人文学术思想的工具。辩论发展至今，已成为西方社会非常推崇的一种语言比赛，长盛不衰。

在中国，有记载的辩论始于春秋战国的思想交锋时期。当时，诸子百家周游列国，游说诸侯，发展了语言能力，辩论之风随即而起。《墨子·经说》："辩，争彼也；辩胜，当也"，将辩论定义为有关正确的争论。不少思想家为此著书立说，收徒讲学，造就了思想的繁荣。之后秦灭六国，加强对文人的思想控制，此行为被后世君王纷纷仿效，遂辩论的发展陷于停滞，一直到近代才有所改变。

1916 年，教育家黄炎培将辩论赛的规则介绍到国内，得到"五四"时期青年学子的推崇和传播。时至今日，中西方关于辩论达成共识，辩论成为检验口才和语言能力的重要标志。

一、辩论中的逻辑思维

辩论包含了两个内容：一是驳斥对方错误，二是论证己方观点。不管是哪种，都需要用一定的理由来说明自己对事物或问题的见解，或证明自我观点，或揭露对方矛盾、驳斥对方错误之处。在辩论过程中，逻辑思维占据了辩论的核心部分。

柏拉图《游叙弗伦》中记载了老师苏格拉底的一个小故事。

游叙弗伦（一位跟随苏格拉底学习的学生）认为尊敬神就是要按照神的喜欢去做事，做了神不喜欢的事就是不敬神。苏格拉底与之展开了对话。

苏格拉底："关于是非、丑恶、贵贱等问题，人是有分歧的，莫衷一是，是吗？"

游叙弗伦："是的，这些问题确实存在分歧。"

苏格拉底："那神呢？（古希腊是多神教），众神之间会有战争，也是因为他们之间存在分歧对吗？"

游叙弗伦："是的。"

苏格拉底："那么就会有同一件事物，有的神喜欢，有的神不喜欢，对吗？"

游叙弗伦："是的。"

在这段对话中，苏格拉底没有一开始反驳游叙弗伦的观点，而是先让对方说出自己的观点，然后据此观点一步步发问，让游叙弗伦意识到自己的错误，心悦诚服地接受正确的观念。

苏格拉底的成功在于他在驳斥中运用了逻辑思维。那么，什么是逻辑思维？

逻辑思维是人运用概念、判断、推理等思维类型反映事物本质和规律的认识过程。与形象思维相比，逻辑思维更加严谨、理性，被称为"思维的语法"。

辩论中的逻辑思维是辩论中遵守的逻辑规律。少了逻辑思维，辩论就失去了灵魂，变成一堆空洞的文字游戏。

二、逻辑思维在辩论中的运用

逻辑思维是高阶段的思维方式，辩论中的逻辑思维，是辩论展现魅力、获得成功的核心因素。

路一鸣是一名节目主持人，也是 1999 年国际大专辩论赛的冠军。多年后接受采访，他回忆了自己做辩手的生涯。

1.1996 年第一次参加辩论集训，内容包括发声、站姿、即兴演讲、杠头、成语接龙、故事接龙等，主要是锻炼口才。集训结束，学会了语言表达和如何抓漏、归谬等辩论技巧。

2.1998 年参加国内的预选赛，又集训了两个月。发现牙尖嘴利是因为知道太少，遂恶补文史哲知识，提高知识储备。

3.1999 年国际大专辩论赛集训中掌握了思维方法。体会到知识无限，不可能全部掌握，但思维方法有规律，掌握思维方法就有了认识事物的武器。当年比赛，拿到了冠军和荣获最佳辩手的称号。

路一鸣说，他本人从一名科技情报专业的工科生，转行到传媒行业并做出一定成绩，就在于辩论中所掌握的高阶思维方式，这是受益终身的方法。①

辩论中逻辑思维的运用主要体现在三个方面：

（一）辩手需要对辩题进行逻辑分析

辩论中的辩题往往是人们关心的现实问题，通过辩论产生思想启迪的作用。因此，辩题的设置遵循平衡性、冲突性、争议性原则。正反题目都有其生存环境和发展空间，都在一定程度上具备合理性、科学性。选手在选择辩题时，不仅要从逻辑上巩固己方观点，打下坚实基础，而且需对敌方的辩题进行逻辑上的深层分析，抓住题目中的漏洞，作为自己辩论的立场和基础，才有可能占据辩论的上风。

（二）辩手的立论需要逻辑层次

辩论的水平高低与实际辩论的逻辑层次直接相关，辩论的逻辑层次受立论的逻辑层次制约。例如某辩论赛上，辩手反驳对方"青年人为生活做减法比较幸福"的观点时，从三个方面展开论述：①青年人的年龄决定了其大脑的不成熟度，不成熟的大脑不适合做重大的决定；②既然不成熟，那就要强迫自己多读书，多学习，读万卷书，行万里路，这是为生活做加法；③只有不停做加法，才能冲破束缚，去拥抱更广阔的世界，获得真正的幸福。该辩手的三层陈述环环相扣，立论有力，获得了评委的一致认可。

（三）辩手需要将形象思维逻辑化

形象思维是大多数人都具备的思维方式，辩论中常常会发生这样的情况：辩手激情满满，侃侃而谈，初听宛如玲珑宝阁，细看却是海市蜃楼，发言内容离题万里，仅仅进行了文字和知识的堆砌，没有进行思想建构，失去辩论的意义，此种现象在于缺少了逻辑思维。如果说形象思维是糖葫芦，逻辑思维就是竹签，二者结合，才能形神具备。因为辩论的过程不是枯燥的对弈，而是思想的碰撞，是知识文化的精彩呈现。辩论中的形象思维负责语言的感性，逻辑思维负责语言的理性，将感性与理性结合，才能造就一场精彩的辩论。

---

① 央视少儿频道的现场采访：《专访路一鸣：辩手有待开阔眼界和丰富知识储备》，2010-09-29。

三、逻辑思维能力的培养

（一）系统地学习逻辑学知识

逻辑学包含了形式逻辑、辩证逻辑和数理逻辑。形式逻辑是一门传统学科，属于哲学的范畴。辩证逻辑和数理逻辑在形式逻辑的基础上产生，是传统逻辑的现代发展分支。辩论的逻辑属于形式逻辑的内涵。

形式逻辑有三大内容：一是对概念、判断（命题）、推理等思维形式的研究；二是对基本规律的研究，包括同一律、矛盾律、排中律；三是对论证的研究，这属于思维过程的研究，三大内容可进一步划分，如表所示。

表 2-1

思维形式	知识点
概　念	概念、定义、划分
命　题	简单命题、复合命题、模态命题
推　理	演绎推理、归纳推理、类比推理

表 2-2

基本规律	公　式
同一律	A 是 A
矛盾律	A 不是非 A 或 A 不是 B
排中律	A 或者非 A

表 2-3

思维过程		知识点
论　证	逻辑原则	充足理由
	种　类	演绎论证和归纳论证
		直接论证和间接论证
	规　则	论题的规则
		论据的规则
		论证方式的规则
	反　驳	论证对方论题虚假或不能成立的思维过程
	谬　误	思维或语言表述中的逻辑错误

以上表格列出了形式逻辑的内容词条[1]，但逻辑学是一门博大精深的学问，要想掌握逻辑思维能力，最佳的方式是进行系统的学习，帮助自我获得高阶思维，增强人生智慧。

（二）日常生活中的有意识训练

1. 辩论阶段的训练

逻辑思维能力的提高是一个从量变到质变的过程，需要长期的坚持。以辩论为中心的书籍中提到很多训练方法，归纳起来就是多看多听、多学多练。

多看多听要求学习者尽可能多观看精彩的辩论现场，认真聆听每个辩手的发言，通过对发言内容的结构层次分析，掌握精华的内容，为己所用。

多学多练是通过对已有辩题的揣摩，学习者可以自行组织辩论内容进行练习，结束后与已有的发言进行对比，总结经验，取长补短，促进提高。

2. 非辩论阶段的训练

非辩论阶段体现在日常生活中的其他方面，即通过有意识或无意识的练习，提高自己的逻辑思维能力。如学会探究问题的本质，多问几个为什么？人有思想惰性，喜欢人云亦云，久而久之，思维始终处在浅层。因此，对所见所闻提出质疑，搜集信息验证自己的思考，得出客观全面的分析，是提升思维的一个较为实用的训练方法。

读书和学习过程中也能贯穿相应的练习，如针对碎片化信息对认知和学习造成的干扰，要学会提炼概括，将精华的信息为己所用。在解决复杂的学习问题时，恰当运用分析与综合、分类与比较、归纳与演绎、抽象与概括等方法，加强逻辑思维的训练。

辩论的先驱苏格拉底说过："所谓的哲学，就是引领和帮助人们认识自我，提高自我的工具"，逻辑思维是哲学的一个范畴，在辩论中发挥了不可替代的作用。它也可以推广应用到生活中的其他方面，帮助我们提高思想的深度，追求更加完美的自我。

某综艺辩论节目有一期辩题，内容是你在美术馆观看名画的时候，美术馆着火了，你的旁边有一只猫和一幅名画，而你只能救一个。请问，你是救猫还是救画？

请同学们根据所学知识，围绕"救猫还是救画"的辩题，选择一个角度，分组进行辩论。

提示：因综艺节目现场的嘉宾和主持人已围绕该辩题贡献了精彩的辩论内容，故要求同学们辩论的发言内容不得抄袭已有发言，但可以进行观点的拓展和延伸。

---

[1] 华东师范大学哲学系逻辑学教研室：《形式逻辑》，华东师范大学出版社，2016年版。

任务三　有准备的即兴发言

2-3

案例导入

黄霑先生是 20 世纪香港流行文化的翘楚鬼才。

1982 年，日本文部省在审定中小学教科书时，公然篡改侵略中国的历史，这激起了黄霑的愤慨，于是他和王福龄（作曲）共同创作了歌曲《我的中国心》：

河山只在我梦萦，

祖国已多年未亲近，

可是不管怎样也改变不了我的中国心。

洋装虽然穿在身，

我心依然是中国心，

我的祖先早已把我的一切烙上中国印。

长江、长城、黄山、黄河在我心中重千斤，

无论何时，无论何地，心中一样亲。

流在心里的血，澎湃着中华的声音，

就算身在他乡也改变不了我的中国心。

《我的中国心》，唱出了天下炎黄子孙对祖国的挚爱深情。

多年后，记者在采访中，突然问黄霑："《我的中国心》这首歌是怎么创作出来的？"

黄霑脱口而出："我这个爱中国的心是永远，在我的血里流了几千年。写这首歌就是很自然，我也没有什么修饰，很平淡的几句，就是讲我对祖国的爱，这颗心是很真的。可能是因为这个真情，打动了同胞们，情真就容易流行。"

课堂讨论

1. 你认为黄霑的发言是有准备的吗？为什么？

2. 作为一首 40 年前的歌曲，你认为它会落伍吗？请谈谈自己的理解。

项目二

 **知识讲解**

即兴发言

古人给我们留下了很多启发性的智慧，比如《邓析子·转辞篇》中说："一声而非，驷马勿追；一言而急，驷马不及。"翻译过来的意思是：一句话说得不对，即使是四匹马也不能挽回；一句话急于出口，即使是四匹马也追赶不上。因为语言的重要性，所以，慎言慎行成为古时君子的行为准则。

然而，在现代社会，越来越多的人开始关注自我，彰显个性，陶醉于"数风流人物，还看今朝"的氛围中。即兴发言为人们提供了表达自我、张扬个性的机会。

一、即兴发言的含义

言语是心灵的图画，即兴发言是真实自我的展示。

为什么这样说？因为即兴发言是特定场景下的讲话，包括两种情况，一是对眼前的景、事、物有所感触，临时发生说话的兴致；二是针对别人突如其来的问题，临时作答。

但不管是乘兴而起，或是临时有感，即兴发言都极其依赖发言者的性格特点、知识储备、反应速度、机敏口才，是真实自我的写照。

戴着"真名士自风流"标签的魏晋文人，给我们展示了即兴发言的两种场景及语言妙趣。

> （一）
>
> 桓温北征，经金城，见年轻时所种之柳皆已十围，慨然曰："树犹如此，人何以堪！"攀枝执条，泫然流泪。
>
> （二）
>
> 钟士季精有才理，先不识嵇康。钟要于时贤俊之士，俱往寻康。康方大树下锻，向子期为佐鼓排。康扬槌不辍，傍若无人。移时不交一言。钟起去，康曰："何所闻而来？何所见而去？"钟曰："闻所闻而来，见所见而去。"

场景一中，桓温引用庾信《枯树赋》的句子，表达对岁月流逝、英雄迟暮的感触。千百年来，令无数豪杰怆然泪下。

场景二中，钟会一心想向前辈求教，但嵇康狂放任性，不喜仕途，而钟会热衷功名，非嵇康同道中人，嵇康瞧不上，临走发问也有嘲讽之意。钟会意识到嵇康的怠慢，虽然内心不悦，毕竟学识在此，回答无懈可击。如果没有后续嵇康的获罪，这番对答倒是魏晋名士清谈的典范。

二、即兴发言的特点

> 法国名人波盖与美国作家马克·吐温聊天时，波盖取笑美国人历史太短，说："美国人没事的时候，往往喜欢怀念祖宗，可是一想到祖父一代，就不能不打住了。"
>
> 马克·吐温回敬说："法国人没事的时候，总是想弄清他们的父亲是谁，可是很难弄清楚。"

波盖与马克·吐温的对话融入了两国的历史与民族文化，波盖虽然嘲笑了马克·吐温，但对方的回敬在道德上呈现碾压之势。可见，一个好的即兴发言，不见得要势均力敌，有可能是更胜一筹。

好的即兴发言总是兼备一些共同的特点。

（一）简练

简练是对语言长短的要求。"简练"一词是淘汰洗练、撮取精要的意思。即兴发言不可能提前计划或安排，问题临时插入，考验人的现场反应能力，因时间有限，答案也就无须组织过多语言。如在某颁奖晚会上，主持人相貌普通，反而嘲笑嘉宾长得丑，说："听说男人的长相和他的才华往往成反比，你怎么看这句话？"嘉宾答："我相信这句话也一直激励着您。"语言简练回转，体现了嘉宾的机智和幽默。

（二）灵活

灵活，要求说话人针对发言内容迅速做出不落俗套的回答。如一位已婚女性对单身的女孩子说："一个人看电影、吃快餐、喝咖啡、吃火锅，甚至自己做手术，又可怜又孤独。"对方礼貌回复："有什么可怜与孤独的，能喝得起咖啡吃得起火锅，说明一个人过得很好。"这种对质疑内容的灵活解读，可以有效地化解对话中的无礼与尴尬，体现个人的心胸与情商。

（三）得体

得体是综合素养的体现。古人云："良言一句三冬暖"，得体的发言不仅体现人之学识，而且展露综合素养，是即时发言中的重要特点。《后汉书》中，湖阳公主看上了宋弘，光武帝亲自说媒，对弘曰："谚言贵易交，富易妻，人情乎！"宋弘答："臣闻贫贱之

知不可忘，糟糠之妻不下堂。"得体言辞既表明了自己的拒绝态度，又展示了个人的德行，成为历史美谈。

三、即兴发言的方法

> 从1940年起，奥斯卡颁奖采用"开封宣布法"，在颁奖人打开信封宣读之前，除审计人员外，其他人都不知道谁是获奖者。这个方式给颁奖仪式蒙上了一层神秘色彩，非常考验获奖者的应变能力。不少热门的获奖候选人为此精心准备了获奖感言，但真正上台后，往往没有即兴的发言出彩。1984年，音乐片《莫扎特》荣获8项大奖，得奖者莫利·古利扔掉了自己准备的感言，高兴地对全场观众说："我今天之所以获奖，因为莫扎特本人没有参加竞争"，幽默风趣的发言收获了全场的掌声，成为颁奖历史上的一个趣事。

即兴发言是个人真实自我的呈现，那么，怎么才能做好即兴发言？

（一）加强日常积累，不打无准备之仗

即兴发言的第一个核心因素是即兴，即临时起意，现场没有充足的个人思考时间和准备空间。第二个核心因素是发言，即口头表达能力。在有限的时间里，发言人要根据话题进行构思，组织材料，整合观点，之后用适当的语言输出。这两个因素都极其考验发言者的平时积累。

平时积累非常重要。谚语曰："台上一分钟，台下十年功。"成功的即兴发言，不是"临时抱佛脚"，而是通过日常的积累，在知识储备、口头表达、思想深度等方面打好基础，最终达到"博观而约取，厚积而薄发"的效果。

（二）掌握常见方法，临场随机应变

"无规矩不成方圆。"即兴发言，虽然是临时发言，但仍然有一定的规则可循，常见的有"三因素法"。

"三"是一个充满美和力量的数字，如一家三口、三人行必有我师、三角形最稳固等，"三因素"在结构方面可以带来安全感。

面对问题和现象的即兴发言，可从问题是什么、原因是什么、解决方案有哪些着手。

面对观点和建议的即兴发言，可先确定观点，再分析原因，之后结合正反案例，进行总结陈词。

面对各种聚会场合的即兴演讲，可以先感谢，再回顾，之后描述愿景。

　　这是一些常见的套路。除此之外，三因素法也有一些小技巧，如尽量给发言标上语序，让听众听起来条理清晰，体现出发言者的逻辑能力；又如学会举一反三，有些场景不能用三因素概括，那就向前或向后延展，将公式活学活用，达到实用目的。

　　技巧只是手段，实用才是目的。即兴发言是一种能力，而能力的培养不会一蹴而就，需要持续的学习和实践。我们能做的，就是不断学习和实践，借助技巧手段，将能力落到实处。

 **情境训练**

　　美学家蒋勋曾经带一个事业成功的人去希腊神庙参观，对方到了现场后，大失所望，匆匆拍了几张照片后，富豪就准备走人。

　　蒋勋说："先生，你一路上说，要创造自己的品牌，什么叫品牌？如果阿玛尼是品牌，香奈儿是品牌，那么这个柱子就是希腊两千年的品牌。你在莫斯科、纽约、北京，都可以找到这根柱子。全世界很多国家的国会大厦，都依循希腊柱式。"

　　但这位富豪说："走了那么多山路，就为了看几根柱子，其中好多还是断的，太浪费时间和精力。"

　　蒋勋无奈地感慨："缺乏审美力，是一种绝症。"

　　因为缺乏审美力，忽视了美的标准的多样化，社会上才有了各种各样的"容貌焦虑"。

　　人生富饶且丰厚，我们要学会挖掘自己的内心丰富之处。

问　题

　　1. 面对富豪的抱怨，如果你在场，你会怎么说。
　　2. 请同学们发表一下对"审美是生产力"观点的理解。

思政在线

　　2017 年 5 月 21 日，美国某大学的毕业演讲典礼上，一名中国学生在上台发言时提到"在中国的城市出门必须戴口罩"[①]，"到美国后，感受到了清新甜美的空气"。此段视频被放到社交网站后，掀起了轩然大波，批评和质疑蜂拥而来。

　　当天晚上，该校的中国留学生联合会连夜发声，对该同学的言行提出了严重抗议，并督请背后支持的校方道歉。

---

　　① 该中国同学在云南昆明长大，未去美国之前，一直在昆明生活。昆明地处亚热带，四季如春，有春城、花城美誉。

共青团中央公众号在次日开辟了留学专题，用老一辈留学生的心声"此去西洋，深知中国自强之计，舍此无所他求；背负国家之未来，取尽洋人之科学，赴七万里长途，别祖国父母之邦，奋然无悔！"来警示青年学子，留学不仅仅是学习知识，而是为中华崛起而努力。

 讨论

根据材料，谈谈你对公众场合发言得体的理解。

 **知识图谱**

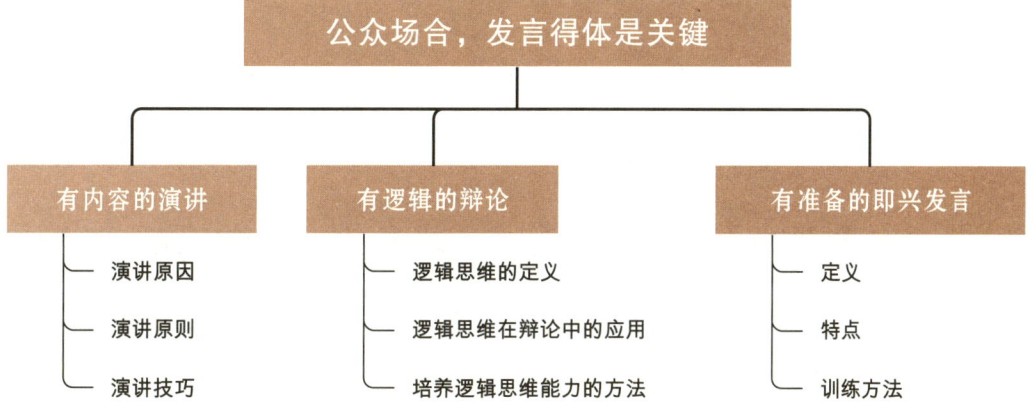

公众场合，发言得体是关键

- 有内容的演讲
  - 演讲原因
  - 演讲原则
  - 演讲技巧
- 有逻辑的辩论
  - 逻辑思维的定义
  - 逻辑思维在辩论中的应用
  - 培养逻辑思维能力的方法
- 有准备的即兴发言
  - 定义
  - 特点
  - 训练方法

 **课后作业**

《沟通与写作》课上，老师给大家播放了一个演说家的演讲片段，内容如下：

生命是需要朋友的。

生命可以有孤独的思想，但不能有孤独的人生。

曾有个人因大学室友的一只臭袜子乱扔而与其争执，还把臭袜子丢到窗外，对方一气之下拿刀把他杀了，并因此被判无期徒刑。因为一只臭袜子毁了两个人，值得吗？

我大学宿舍也有一个脚臭且打呼噜的同学，我每天晚上会在他睡觉后，把他的袜子和鞋拿到门外，我后来把他的臭袜子放在他枕头里面，发现他一晚上没有打呼噜，因为他被袜子熏得睡不着了。同样是臭袜子的故事，结果完全不同，我和那同学至今还是好朋友。

与室友和谐相处，会给自己留下无数美好的回忆。要记住，学会与人相处，这是你未来事业成功的重要一环，与人友善地打交道，会让自己更加善良，事业也会取得成功。这样你会发现，大学生活其实简单、明了、青春。

......

一、写作任务

请你根据上述材料，以"友情是大学的美好礼物"为题，写一篇 5 分钟的演讲稿。

二、即兴发言任务

以小组为单位，请小组代表针对材料中的观点谈谈自己的看法，每人 2 分钟。

职场面试，综合展示有目标

学习目标

1. 熟悉常规化面试的基本方法
2. 了解结构化面试的应对方法
3. 掌握无领导小组讨论的发言技巧

项目三

任务一　3-1　　　　　　　　　　　　　　　**"常规面试"有宝典**

案例导入

《红楼梦》里面有一个不起眼的小丫头红玉，是管家林之孝之女，长相俏丽，机智能干，因讳宝玉、黛玉之名而改名小红。

小红是家奴，被分配到怡红院中，每天烧水喂雀，接受袭人、晴雯、秋纹、碧痕等大丫头的指派。

怡红院的丫头竞争激烈，小红见宝玉都困难。眼见无出头之日，小红遇到了凤姐。

滴翠亭杨妃戏彩蝶　埋香冢飞燕泣残红

只见凤姐站在山坡上招手儿，小红便连忙弃了众人，跑至凤姐前，堆着笑问："奶奶使唤做什么事？"凤姐打量了一回，见她生得干净俏丽，说话知趣，因笑道："我的丫头们今儿没跟进我来。我这会子想起一件事来，要使唤个人出去，不知你能干不能干？说的齐全不齐全？"小红笑道："奶奶有什么话，只管吩咐我说去；要说的不齐全，误了奶奶的事，任凭奶奶责罚就是了。"

凤姐笑道："你是哪位姑娘屋里的？我使你出去，他回来找你，我好替你说。"小红道："我是宝二爷屋里的。"凤姐听了笑道："哎哟！你原来是宝玉屋里的，怪道呢。也罢了，等他问，我替你说。你到我们家告诉你平姐姐，外头屋里桌子上汝窑盘子架儿底下放着一卷银子，那是一百二十两，给绣匠的工价。等张材家的来，当面称给他瞧了，再给他拿去。还有一件事：里头床头儿上有个小荷包儿，拿了来。"小红听说，答应着，撇身去了。

……

这里小红听了，不便分证，只得忍气来找凤姐。到了李氏房中，果见凤姐在这里和李氏说话儿呢。小红上来回道："平姐姐说：奶奶刚出来了，他就把银子收起来了；才张材家的来取，当面称了给他拿了去了。"说着，将荷包递上去。又道："平姐姐叫我来回奶奶：才旺儿进来讨奶奶的示下，好往那家子去，平姐姐就把那话按着奶奶的主意打发他去了。"

凤姐笑道："他怎么按着我的主意打发去了呢？"

小红道："平姐姐说：'我们奶奶问这里奶奶好。我们二爷没在家。虽然迟了两天，只管请奶奶放心。等五奶奶好些，我们奶奶还会了五奶奶来瞧奶奶呢。五奶奶前儿打发了人来说：舅奶奶带了信来了，问奶奶好，还要和这里的姑奶奶寻几丸延年神验万金丹；若有了，奶奶打发人来，只管送在我们奶奶这里。明儿有人去，就顺路给那边舅奶奶带了去。'"

小红还未说完，李氏笑道："哎哟！这话我就不懂了，什么'奶奶''爷爷'的一大堆。"

凤姐笑道："怨不得你不懂，这是四五门子的话呢。"

说着，又向小红笑道："好孩子，难为你说的齐全，不像他们扭扭捏捏蚊子似的。嫂子不知道，如今除了我随手使的这几个丫头老婆之外，我就怕和别人说话：他们必定把一句话拉长了，作两三截儿，咬文嚼字，拿着腔儿，哼哼唧唧的。急得我冒火，他们哪里知道？我们平儿先也是这么着，我就问着他：难道必定装蚊子哼哼就算美人儿了？说了几遭儿才好些儿了。"

李纨笑道："都像你泼辣货才好。"凤姐道："这个丫头就好。刚才这两遭说话虽不多，口角儿就很剪断。"

说着，又向小红笑道："明儿你服侍我罢，我认你做干女儿。我一调理，你就出息了。"

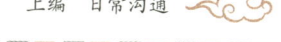

1. 从职场领导的角度，你认可小红的初次表现吗？

2. 代入小红的角色，规划一下个人的职场发展路线。

面　试

经典作品之所以被追捧，在于书中蕴藏了咀嚼不尽的人生智慧。小红在《红楼梦》中的出场次数不过两三回，但活灵活现地展现了一个女孩子抓住机会改变命运的故事，给予今人诸多启示。

经典也告诉我们："世事洞明皆学问、人情练达即文章"，作为芸芸众生中的一员，如果能明白世事，掌握规律，就会活得通透，生活轻松。

面试流行于职场、渗透于生活、影响着人生，从求学阶段到步入职场，每个人都免不了经历面试，如果能掌握面试的规律，会让我们在这些领域游刃有余。

一、面试的含义

面试，是一种变相的考试形式，强调面对面，由一人或多人考察他人的综合能力与素质，是应试者展露知识、能力、经验等素质的良好时机。

从姜子牙渭水垂钓吸引周文王注意，到毛遂自告奋勇跟随平原君出使楚国，再到今天职场的各类人才招聘，面试都发挥了重要作用。

现代社会，职业分工越来越细，面试成为人们进入职场的必经阶段，由此衍生了各种各样的面试形式。

苹果公司前副总裁杰伊·艾略特，在《与乔布斯一起领导苹果》一书中提到，乔布斯一生大概参与过 5000 多人的面试工作。

但乔布斯的面试，有时候根本就不像是在面试，而就是交流。他的风格体现在：

1. 他对个人简历不感兴趣，他认为简历只能说明这人的过去。他就想了解应聘者能为苹果带来什么？他们具备什么样的才能？他们能否实现某种超越？

2. 他会考察应聘者是否诚实，他甚至会问些让人尴尬的问题来验证。

3. 他会进行鼓动宣传，给应聘者机会，让他们表达自己真正关心的东西。

4.他还会问所有人一个问题，他们来这里是为了什么？乔布斯并不太看重对方给出的答案本身，而是回答里面所体现出来的信息。

乔布斯的面试是其个人的独特风格，体现出不同文化背景下面试多元化发展的趋势。随着社会的发展，不同行业的面试形式、面试内容、考核方式、录取标准都在发生变化，但面试的终极目的不变，仍然是挑选能力与岗位匹配的最优人选。

面试的结果导向，告诉我们不要被条条框框的流程所限制，而是在了解其内涵的基础上，活学活用，人尽其才，实现个人价值。

二、面试的重要性

职场是人生的必经阶段，如何应对，需要具备一定的智慧。

面试是职场的第一道门槛，如何成功，考验应试人的能力和素质。

从古至今，面试的重要性都未改变。于古，它决定了士人治国平天下的理想实现；于今，它影响到个人的前途发展，关系到事业的成功与否。

封建社会的读书人，步入仕途，一展抱负是人生理想。

但学富五车，不见得能妙语生花，获得明君认可。

唐代著名诗人孟浩然以田园诗名噪一时，连玄宗皇帝都有所耳闻。

某天，孟浩然去拜访好友王维，二人谈兴正浓，门人来报：玄宗驾临。

按照唐代礼仪规制，无官职者不能迎接皇帝，孟浩然尚未有官职，王维只好让其躲到床底，出门接驾。

玄宗兴致颇高，进屋与王维侃侃而谈。王维借机推荐了孟浩然，并告知其藏在床下。

玄宗很爱才，当即令孟浩然见驾，并令其作诗一首，检验他是否名副其实。

孟浩然吟了一首《岁暮归南山》，诗曰：

北阙休上书，南山归敝庐。

不才明主弃，多病故人疏。

白发催年老，青阳逼岁除。

永怀愁不寐，松月夜窗虚。

诗还没有吟完，唐玄宗的脸色就阴沉了下来。之后，拂袖而去。

孟浩然尚不明白发生了什么，精通官场的王维已经扼腕叹息，因为，孟浩然把自己仕途的路堵死了。

通过这个故事，我们看到孟浩然的职场面试很失败，玄宗已破例召见，孟浩然却说什么怀才不遇，难遇明君。这种犯上的做法，是封建社会的大忌。玄宗没给孟浩然定罪已经是法外开恩，怎么可能会重用他呢。

在现代人看来，这就是面试中的不当之处。孟浩然既然想通过面试实现人生抱负，就应当投其所好，吟诵壮志豪情的诗歌，从品德、能力等方面展露自己的过人之处，而不是怨悱满怀，既没格局，又得罪君主。

读史使人明智，反省使人增慧。现代社会，面试作为职业发展通道的一个入口，重要性不言而喻。如不认真对待，轻则丧失工作机会，重则改变人生发展方向。因此，我们要重视面试，精心准备，不给自己留下遗憾。

三、面试的技巧

面试有没有通用的技巧？我们可以通过观摩别人的面试过程来总结。

2012 年五一期间，天津卫视《非你莫属》的求职节目迎来一个超强选手：清华工业设计学博士李一舟。

与其他求职者上场前信心满满、上场后沮丧退出相比，李一舟的表现可圈可点，展现了超强的面试能力。

各大 boss 对其进行了犀利的提问，李一舟则给予了完美的答案。

面对东方风行集团 CEO 李静的问题，他说："我下载过你们乐蜂网的客户端，载入程序太慢，有两个原因，一是代码写的不够好，二是附加东西太多……"

面对搜狗 CEO 王小川的质疑，他说："清华校内网可以不限流量上网后，你们的优势也就不存在了。用户的需求不仅主观会变，客观也会改变，在这样的情况下，搜狗的设定也该做改变了。"

面对 SOHO 老总潘石屹的新项目，他说："我留意到您新开发的项目，建筑表皮是有机的，但内在是否也能做到有机、环保呢？我有一个方案，可以通过电脑计算出每个房间进出人员，做到控电、控温、控能量，实现更好的能源配比，房子内外都能做到有机环保……"

最终，李一舟获得了 8 家企业抛出的橄榄枝。

5 年过后，李一舟成为著名的互联网营销咨询专家，天使基金投资人。

李一舟的成功，教育背景和自身实力固然是一个核心因素，但另外一个因素也不容忽视，即面试阶段的完美展示。除了常见的服饰、礼仪等基本要求外，我们可以从他的成功中概括出面试的一些通用技巧，以供学习和实践。

（一）沟通为上，把握需求

沟通为上要求应聘者灵活变通，不执着于死板的面试教条，而是与面试官真诚对话，完成一场高质量的面试。

高质量的面试，不是双方地位的高低博弈，也不是供需关系的市场交易，而是核心信息的交换与分享，是一种高效的沟通方式。

在这个过程中，求职者如能精准把握对方心理，传递有效信息，满足用人单位所需，即可成功实现求职目标。

（二）应答有道，关注细节

面试是面对面的交流，对于面试官不停抛出的问题，应答可以采用 STAR 法则[①]，以条理性和逻辑性为主，认真回答每一个问题，体现内心的淡定与坦然。

在应答中，细节决定成败。细节渗透于方方面面，可以是个人的服饰穿着，也可以是不经意的行为举止和言谈内容，这些都需要注意。老子说："天下大事，必作于细"，一个不经意的细节，往往能够反映出一个人深层次的修养。要用心对待每一个细节，把简单的事情做好，把关注的事情做成。

（三）有备而来，满载而归

做好准备非常重要，所有的机遇，都偏爱那些有准备的大脑。

《礼记·中庸》早就告诫世人："凡事预则立，不预则废。"所以，求职前的准备，不仅是对用人单位或企业的尊重，也是对自我行为的负责。

准备的内容要围绕企业的需求而做，同时结合自身优势，找到切入点。

实践证明，大量的功课、充足的准备不仅让求职者有备无患，而且能应对各种突发场景，展示综合素质，最终做到"有备而来，满载而归"。

情境训练

某知名电商公司要招聘一名摄影师（兼直播助理），岗位描述如下：

1. 负责主播的日常以及活动的跟拍。

2. 负责主播的日常管理，做好开播前的准备工作。

3. 协助主播进行直播卖点、ppt、样品整理。

---

① 分别为情境（Situation），任务（Task），行动（Action），结果（Result）。

4.协助跟进主播笔记视频工作（外包对团沟通），样品采买、内容脚本对接、时效进度跟进。

5.直播后的样品跟进（退样、粉丝礼物发送），直播期间的控评（引导互动好评导向）。

6.抖音账号孵化数据跟进（复盘数据，跟进账号发展进行）。

7.整体直播、运营、产品数据汇总整理复盘（与广州团队紧密沟通）。

对应聘者的任职要求：

1.专科以上学历，有相关工作经验者优先考虑，也可接受对摄影/直播助理岗位有浓厚兴趣的优秀应届毕业生。

2.有一定的摄影基础，会使用单反。

3.有良好的团队协作能力和较好的抗压能力，耐心、诚恳、有强烈的责任心和积极主动的工作态度。

请代入招聘者的角色，设置相关的问题，与同学组织一场面试过程，检验应聘人员对面试的准备程度。

任务二 "结构化面试"有方法

3-2

一个热心网友在知乎论坛上分享了自己事业单位的面试过程。

1.资料审核。包括身份证、准考证、学历证等报考单位要求的全部资料。

2.宣布纪律。资料审核完毕后，工作人员将10位考生带到候考室，宣布考试纪律。在此期间，考生不能外出，如需去洗手间，需有工作人员陪同。

3.抽签。总共两个职位，每个职位5个人抽签，候考室内完成。

4.候考。考生按照抽签顺序进行面试。

5.备考。上一位考生叫走后，下一位考生在备考室备考，答题时间和备考时间都是15分钟。备考室里有题本、草稿纸、笔。

6. 考试。引导员带入考场，开始面试。面试共有 7 名考官，待考生坐定后，主考官宣读面试开场白。之后，考官会依次提问，问题包括："自我介绍、为什么报考这个职位？喜欢什么样的工作环境？怎么看待加班等？"因提前做了准备，回答较为顺利。

7. 面试结束，工作人员带人离开考场，考试结束。

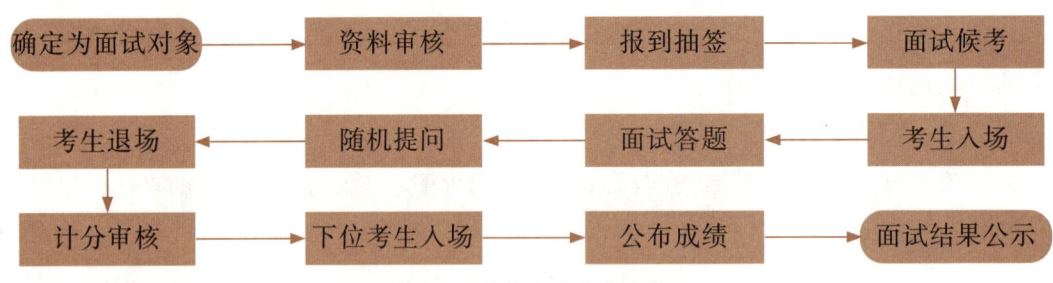

图 3-1　结构化面试的流程

 **课堂讨论**

1. 你之前接触过类似的面试形式吗？如果有，请分享一下你的感受。

2. 面试中，如果考官问："你参加工作后，同事小张仗着比你早工作两年，老对你指手画脚，你怎么办？"你应该怎么回答？

知识讲解

结构化面试

《孟子·离娄上》说"不以规矩，不能成方圆"，告诫人们做人做事要遵循一定的标准、规则。面试也有标准和规则，结构化面试尤其如此。

图 3-2

一、结构化面试的含义

结构化面试是面试的一种规范形式，这个形式包括了面试的程序统一、内容统一、标准统一等因素。

中国科学院、组织管理学学者时勘教授为结构化面试（Structured Interviewing）制定了清晰的概念：根据特定职位的胜任特征要求，遵循固定的程序，采用专门的评价标准和评价方法，通过考官小组与应考者面对面的言语交流等方式，评价应考者是否符合招聘岗位要求的人才测评方法。

结构化面试的发展经历了科学验证的过程。

> 1973 年，麦克里兰博士①在《美国心理学家》杂志上发表一篇文章："Testing for Competency Rather Than Intelligence"。在文章中，他引用大量研究证明，滥用智力测验（即考试）来判断个人能力存在诸多不合理性。为此，他抛弃了无法被实践证明的理论假设和主观判断，从第一手材料入手，发掘出影响工作业绩的个人条件和行为特征，并将其归属为 Competency（胜任素质）。

依据麦克里兰博士的研究成果，结构化面试的模型被研发出来，并在信度和效度上验证了科学性②，为提高管理效率做出了实质性的贡献，成为西方企业流行的面试形式。

结构化面试在 20 世纪末被引进到中国的人力资源领域，与管理学科的流行及人力资源部门在企事业单位地位的提升相伴发展。这种面试因最终的成果是各个题项得分的总和，有利于参与者公平竞争，成为新世纪后面试中经常采用的形式。

二、结构化面试的特点

目前，结构化面试已应用于很多面试场景中，尤其是在公务员招录中，结构化面试是必备的面试步骤。我们来看两道考题：

（一）2019 年 S 省公务员结构化面试考题

> 打赢脱贫攻坚战，全面建成小康社会，是党的承诺。但是现在存在"干部干，群众看"，对于这种现象你怎么看？

① 麦克里兰（1917—1998），美国社会心理学家，1987 年获得美国心理学会杰出科学贡献奖。
② 信度（reliability）指测量数据的可靠程度，效度（validity）指测量工具或手段能够准确测出所需测量的事物的程度，二者是评估管理科学研究工作的重要指标。

项目三

（二）2019 年 H 省公务员结构化面试考题

小李是某名牌大学毕业生，怀揣抱负来山区参加扶贫工作。扶贫项目是为期两年的农村电商项目。工作开展两个月，由于农村条件艰苦，工作又没有任何进展，小李感觉很气馁，不想干了。你作为小李同事，该怎么鼓励他？

以上两个考题，考题一考查考生的综合分析能力，如对社会现象的看法、对政策措施的了解、对哲理主题的观点；考题二考查考生解决问题的能力，如理想和现实的两难选择、工作中的挫折如何应对、怎么与同事合作沟通。两个问题的共同之处是考查范围广，岗位针对性强，这也是结构化面试的优势所在。

综合其他结构化面试的内容，我们可以简要概括下结构化面试的共同特点：

（一）评价标准客观

结构化面试针对应聘同一岗位的人员，在面试题目、提问方式、计分和评价标准等方面统一设置，保证了程序公平，减少了面试中的主观因素，大幅度提高了面试结果的客观性和准确性。

（二）针对性强

结构化面试的测评问题，经过了专业人士严谨的分析和设计，保证测评问题与工作岗位相关。对于技术含量高的问题，更是设计了不同的答案标准，确保不遗漏相关的考察因素，具有较强的岗位针对性。

（三）机变性不足

规模不大的公司或企业在做结构化面试时，因人力、财力等因素，在设置题目的时候没能得到太多科学的验证，会存在一些问题，如面试官的能力水平会影响成绩的判定；题项设置固定，无法与被试者的多样性吻合等，这些问题导致结构化面试的灵活性不足，限制了面试的横向拓展。

总体而言，结构化面试作为一种成熟的面试形式，其标准规范的流程较大程度保证了人才选拔的公平性与人才测评的科学性，便利用人单位择优录取合适人才。

三、结构化面试的方法

结构化面试的常见规则主要有以下几种类型。

自我认知类：考查自我与岗位的匹配度，如自我介绍，描述一件记忆深刻、成功或失败的事情。

人际沟通类：考查个人的沟通能力，如怎么看待领导关系、同事关系。

组织管理类：考查个人的组织管理能力，如怎么去组织一场活动。

应急应变类：考查个人在紧急情况下的应变能力，如怎样处理一项紧急工作问题。

综合分析类：考查个人的价值观和人生态度，如对热门社会事件的分析。

这些分类为应试者提供了明确的准备方向。在具体训练中，我们可以根据每个项目考察的内容，有针对性地从几个方面做起：

（一）语言表达的个性化

每个人语言表达的习惯千差万别，应试者需要做到扬长避短，形成自己的风格，语言表述中可以感情充沛，也可以娓娓道来或干脆利索，要凸显自己特色。

（二）作答内容的个性化

同一个问题，核心的答案都是确定无疑的。这个时候，应试者需要抓住核心答案，选择其中一点作为自己的侧重点详细阐述延伸；同时，多结合实际案例，展开必要的细节描述，体现自己的积累和思考，达到弱化雷同内容的效果。

（三）作答结构的个性化

结构化面试没有固定的思路和答案，应试者不要迷信所谓的答题模板，要根据自己的知识积累，组建合理的逻辑结构，找到恰当的切入点进行作答。

（四）举止仪表的个性化

应试者穿着大方得体，选择适合自己的颜色和款式；坐姿、问候、手势等身体语言自然放松，给别人良好的观感，以便得到满意的面试结果。

 **情境训练**

小张是一名大四学生，专业是汉语言文学。××实验小学需要三名语文老师，待遇优厚。小张去参加应聘，顺利通过笔试，进入面试。该校采用结构化面试形式，问题如下：

职业认知：结合报考岗位谈谈你的优势与劣势。

人际沟通：学校有老带新活动，老教师经常指示你干他自己应该做的工作，你怎么办？

活动组织：作为班主任，你打算从哪些方面组织班级的元旦晚会？

应急应变：你正在讲课，后排两个男孩子（六年级）突然打架，旁边的女生吓哭了，你会怎么做？

综合分析：班上倒数第一名经常被同学孤立，你不希望发生这种现象，你会怎么做？

教育教学：老教师批评你的教学方式太新锐，你怎么办？

 **问 题**

请你与同学一起，代入角色，完成结构化面试过程。

要求：1. 推荐 4 或 6 名同学，与任课教师一起组成面试团队。

　　　2. 从同学中抽取应试者，参加面试。

　　　3. 根据应试者的面试表现，打出客观分数。

项目三

任务三　　　　"无领导小组讨论"有陷阱

3-3

案 例 导 入

　　20世纪50年代，西德尼·吕美特为米高梅公司制作了一部黑白电影《十二怒汉》，荣获第七届柏林影展金熊奖。

　　电影开头，一个在贫民窟中长大的男孩被指控谋杀生父，案件的旁观者和凶器均已呈堂，铁证如山，而担任此案陪审团的12个人要于案件结案前在陪审团休息室里讨论案情，讨论结果必须一致通过，才能正式结案。

　　这12个人有着不同的职业和背景，他们的共同目标是——定夺一个刚成年犯罪嫌疑人的生死。

　　一切的证据都显示男孩有罪，陪审团大部分成员也觉得毫无讨论的必要。

　　但按照法律程序，意见一致才会被法庭采纳。

　　陪审团展开第一次讨论后，有罪对无罪的表决结果是11对1，意见不一致，继续讨论。

　　第二次，9对3，继续讨论。

　　第三次，8对4，继续讨论。

第四次，6对6，继续讨论。

第五次，3对9，继续讨论。

第六次，1对11，继续讨论。

第七次，0对12，讨论结束。

之后，法庭宣布小男孩无罪，当庭释放。

这是电影中经典的无领导小组讨论案例。

 **课堂讨论**

1. 通过提前安排的观影任务，尝试分析陪审团每个成员的角色定位。

2. 该案例对你有什么启示？

知识讲解

无领导小组讨论

群体性是人类社会的基本特征。当个体处于群体中时，个体倾向于与大多数人保持一致，这意味着人们要有从众心理，这样才能更好地融入群体。

从众心理是什么？美国社会心理学的经典著作《社会性动物》定义为："从众，是一个人或一个团体真实的或臆想的压力所引起的人的行为或观点的变化。"所以，当陌生的人组成一个小团体，并围绕指定的问题展开讨论时，我们会不会有从众心理？在环境的局限下，每个人能否做到坚守初心，保持个人观点不动摇？ 无领导小组讨论给了我们检验的方法。

一、无领导小组讨论的含义

无领导小组讨论，是二战之后发展起来的一种人事测评技术，后被广泛用于面试中，是管理科学深入发展的体现。

无领导小组讨论没有固定的人数，一般4~8人；没有指定的领导或角色定位，成员之间彼此平等；面试官不参与讨论，只负责发放或展示讨论的信息，观察成员表现及提醒结束时间。

在面试中采用无领导小组讨论，可以有效判断应试者的个性特征和组织协调能力、分析判断能力、语言表达能力、有效沟通能力等综合素质。

随着招聘的专业化发展，以及每年的就业大军带来的招聘压力，无领导小组讨论得

项目三

到广泛使用。目前，国内各大中企业的校园招聘、公务员及事业单位招录，都在使用这种面试技术，它逐渐被越来越多的应试者重视和学习。

二、无领导小组讨论的特点

作为常见的面试形式，无领导小组讨论有一些明显特点，了解并掌握可以帮助个人深入了解面试的本质，提高求职的成功率。

（一）注重沟通与互动

无领导小组讨论源于人的社会性特点，故此，小组成员之间的交叉讨论、频繁互动是重要特点。在交谈过程中，应试者要在与他人的沟通和互动中表现自己，使个人成为群体的一个重要角色，展现出纸笔测验乃至常规面试所不能检测的能力或素质。

（二）呈现真实个体

无领导小组讨论的时间有限，且忌讳冷场，需要小组成员的快速反应和随机反应。这个特点有利于诱发个体的真实行为模式，使其呈现较为真实的性格和行为，减少伪饰，提高评价的客观标准。

（三）提高面试效率

无领导小组讨论在同一时间考查多名应试者，大大节省了用人单位的招聘时间。而应试者在讨论中显示的能力、素质、个性特点等，可以作为单位挑选不同岗位人才的重要依据，提高了双方的面试效率。

相比较普通面试与结构化面试，无领导小组讨论也有一些不足，主要表现在将竞争同一职位的人放到同一时间、空间及场景，应试者会承受更大压力，增加心理紧迫感，可能影响面试表现。

三、无领导小组讨论的方法

群体动力学认为：一个人的行为是由其人格或个性与其当时所处情景或环境的互相作用而产生。在无领导小组讨论中，环境对个人的束缚较多，故此，掌握一定方法和技巧，有利于摆脱情境限制，更好地展示自我。

（一）定位角色，承担责任

无领导小组讨论的成员性格不一、学识不同、见识有别。当围绕同样的信息展开讨论时，小组成员要根据个人特点和能力做好角色选择，承担角色责任。常见的角色及责任如下：

领导者——类似意见领袖，主导会场，引导讨论的方向和进度。

协调者——在讨论产生激烈冲突或冷场时进行协调。

计时者——协助领导者，负责讨论的流程和时间分配。

破冰者——提出首要观点或争议性观点，引发和推动讨论。

观点者——个人观点独特、有建设性、有启发意义。

总结陈词者——对本场讨论的结果进行汇总概括。

注意，如果无领导小组讨论的参与人数较少，部分角色可以合并，如协调者和计时者可以合二为一，破冰者和观点者可以身份兼顾。但如何合并视现场参与的人数而定，由参与者自行把握。

（二）认真聆听，关注合作

聆听是沟通中的一个重要技巧，也是无领导小组讨论中的一个关注重心。聆听能让参与者感受到不同的观点和建议，做到胸有成竹；并根据个人角色，适时推动讨论的进度，巧妙发挥影响力。

合作是无领导小组讨论的另一个重心。现代社会是群体社会，也是一个高度合作的社会。一群思想和性格迥异的人，想要在有限的时间内众志成城，达成一致目标，没有良好的合作能力，无异于缘木求鱼。

在测评无领导小组成员的团队合作、人际互动等方面的能力或胜任力中，聆听和合作缺一不可，都是重要的评判标准。

（三）思想健康，观念正确

东汉哲学家王符说："德不胜其任，其祸必酷。"意思就是，品德如不能与能力匹配，一定会造成大祸。很多应试者热衷于学习无领导小组的技巧，却忽视了基础要求，即思想的健康和观念的正确。

思想健康是对品德的要求，表现为爱国、感恩、奉献、诚实、守信等优秀品质。无领导小组讨论中，成员对问题的观点评判、与他人互动时的行为举止、在讨论中思考的深度广度，都从不同方面展示了其思想的健康与否。

观念正确要求价值取向积极向上。无领导小组讨论的面试形式基本面向青年人，青年人是国家、民族、社会发展的后继力量，其价值取向决定了未来社会的价值走向，不能有丝毫的忽视与懈怠。

项目三

总而言之，不管是常规面试、结构化面试，或是无领导小组讨论，最终都是挑选德才兼备之人。青年人在这个过程中，不仅要学习面试技巧，更要勤于学习、勇于实践，免得"青春虚度无所成，白首衔悲亦何及"。

江西 ×× 中学是本地一所重点高中，因发展需要，面向社会招聘 10 名语文教师。信息发出后，20 天之内收到 300 多份简历。为了提高初试效率，学校决定采用无领导小组讨论的面试形式进行初选，以下是相关材料：

2016 年 5 月 31 日，宜春三中高三年级十七班学生柳艳兵、易政勇在公交车上与持刀歹徒英勇搏斗，夺下歹徒凶器，制止犯罪，保护乘客生命安全，用热血和生命书写了一曲英雄赞歌。

6 月 8 日，江西夺刀考生见义勇为的义举刊登《人民日报》头条，引起了多家主流媒体的关注。当日 9 时，@南昌发布的微博发表题为"教育部：为江西夺刀救人受伤考生单独组织考试"称，针对江西省两名高三学生勇斗歹徒一事，教育部已委托江西省教育厅专门前往看望，对他们的行为表示高度赞赏。并表示，待他们身体康复后，将为他们组织单独考试。

但是，网络上不少人对此事发出了不同的声音，认为教育部门对柳艳兵的关注和嘉奖会让一些家长和学生将"见义勇为"与利益挂钩，"见义乱为"，对未成年人的安全是一种伤害，同时造成新的高考腐败。

请你针对以上材料，与其他同学一起，组成无领导小组进行模拟面试。

过程：首先，由班上同学投票推举 6 名学生，与教师一起组成面试官；其次，将剩余同学分组，每组 6~8 个人，依次组成无领导讨论小组，展开讨论。

讨论结束后，面试官点评成员表现，公布评分结果。

云南十八怪的地方风俗中有一项叫"抱着娃娃谈恋爱"，因为女孩子普遍辍学早，结婚早，生娃早。

张桂梅在丽江建了一所免费高中——华坪女中。

2008 年 9 月 1 日，华坪女中迎来了她的第一批学生：来自丽江市华坪、永胜、宁蒗等深度贫困县的 100 名贫困女孩。

由于没有入学门槛，这些女孩子文化课基础很差，有的学生数学才考 6 分。

张桂梅在教学中采取了打时间战的方式，学生 5 点半起床，晚上 12 点 20 分睡觉，每天只有 5 小时睡眠时间。

每天下午，学生回宿舍洗漱 15 分钟，穿拖鞋回教室，以便晚上回宿舍躺下就能休息。

吃饭时间被压缩到 10 分钟。为了加快递碗的速度，张桂梅不允许学生在就餐过程中说话。

学生基本没有寒暑假。有人给张桂梅起外号"周扒皮""魔鬼""半夜鸡叫"。还有人骂她没儿没女，不知道心疼别人家孩子。

张桂梅顶住压力，告诉众人："女孩受教育，可以改变三代命运。"

12 年过去了，张桂梅让 1645 名女孩走出大山，把她们送进大学。

《人民日报》发文称：走向现代化的中国，已使国人的成长之路变宽变多，但不能不承认，通过接受高等教育深造以改变命运、成就未来，依然是其中最重要的一条途径。在所有向上流动的制度通道中，高考是最有效的一种公平制度，尤其是二元结构仍然存在的当代中国，高考是打通城乡、区域的一个重要桥梁。这应该是一个共识。

 讨论

1. 针对以上材料，以无领导小组讨论的方式，谈谈你对知识改变命运的理解。

2. 请结合张桂梅的事迹，发表一下个人的看法。

知识图谱

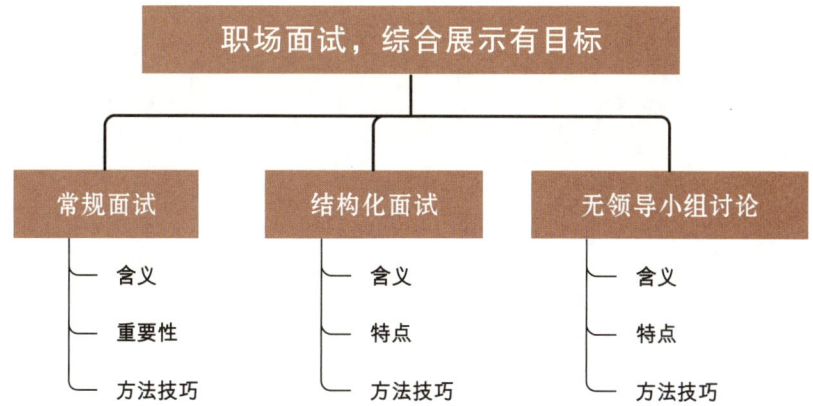

项目三

随着华坪女中影响力的扩大，接受的捐赠也越来越多。在资金充裕的情况下，张桂梅校长决定聘请 3~5 名优秀的数学教师，帮助学生提升高考数学成绩。

任 务

请你为学校设置一份结构化面试的题目，以供招聘使用。

项目三

项目四

商务沟通，谈判博弈讲门道

学习目标

1. 了解商务谈判的基本原则
2. 熟悉商务谈判的基本方法
3. 掌握商务谈判的基本技巧

任务一

4-1

知己知彼，更要知彼

案例导入

2001 年 11 月 10 日，世界贸易组织（WTO）第四次部长级会议做出决定，接纳中国加入 WTO，中国历经 15 年努力与期待，终于跨进 WTO 的门槛。12 月 11 日，中国正式加入世界贸易组织，成为第 143 个成员。

时任国务院总理朱镕基曾感慨："我们已经谈了 15 年……黑发人谈成了白发人。" 15 年，相对于人类历史长河是短暂的一瞬间，而对于所有参与或关注这场马拉松谈判的人来说，15 年又是如此漫长曲折甚至是带有戏剧性色彩的征程。

谈判自 1986 年 7 月 10 日中国正式向 WTO 前身——关贸总协定（GATT）递交复关申请起，这一谈就是 15 个春秋。中国代表团换了 4 任团长，美国换了 5 位首席谈判代表，欧盟换了 4 位。中国过去长期处于闭关自守状态，一直被拒之于 WTO 这个国际经济贸易大家庭之外。15 年的谈判实际上是中国学习和熟悉国际通行规则和现代市场经济知识的过程，我们也是上了 15 年的国际

项目四

经济课。

　　谈判中留下了很多一波三折的故事。比如在 1999 年 11 月 10 日至 15 日的 6 天时间中，中美双方为各自国家的利益唇枪舌剑，甚至为争执的谈判条件敲桌子、砸板凳。谈判进行得异常艰苦，美国贸易代表巴尔舍夫斯基在 54 个小时的谈判中睡了 20 分钟，中国首席谈判代表龙永图六天六夜没合眼。[1]

课堂讨论

1. 你从中国加入 WTO 的谈判中学到了什么？
2. 谈谈你对商务谈判的认识。

**知识讲解**

商务沟通，了解谈判对手

　　商务活动是现代经济社会的一大特色，作为一种商业活动，它脱离不开"交换"的核心本质，而交换不可避免会产生争议，谈判便应运而生。

　　关于商务谈判，管理学科有明确的定义，指人们为了协调彼此之间的商务关系，满足各自的商务需求，通过协商对话以争取达成某项商品交易的行为和过程。

　　目前，随着商务活动的发展，商务谈判已成为一个专有名词，成为职场的必修课。

一、搜集客观信息

　　商务谈判作为人们运用信息获取自己所需的一种经济活动，对信息的占有是其前提条件。因此，搜集客观信息，正视双方的优势和不足，是谈判乃至后续的合作顺利进行的基础。

　　客观信息包括外界的环境信息，环境信息可大可小，常常互相融合。

　　2014 年 8 月，中国企业福耀玻璃以 5600 万美元买下美国 PPG 工业公司的 Mt.Zion 工厂资产，全面启动美国汽车玻璃项目。

　　2017 年 6 月 12 日，《纽约时报》刊登了一则《中国工厂遇到了美国工会》

---

[1]《十五年漫漫"入世"之路》，载于《财经》（电子杂志），2018 年 12 月。

的文章。内容中明确指出了近年来中国企业在美国运营并不顺畅，经常由于文化和管理理念上的不同导致种种冲突。

福耀老总曹德旺为此解雇了几位美国高管，认为他们没有时间效率，拿钱不干活。美国人却说中国工厂不注重安全、环保，生产线没有停下来就让工人上去修。

因为激烈的文化冲突，福耀引起了全美汽车工人联合会（UAW）的注意，该会是美国最大的独立工会，被称为"世界上最具战斗力的工会"。

业界流传着这样一句话，在美国，企业招惹总统都没事，别惹工会。

其实，曹德旺的美国建厂之路一直不太平。

2016 年 11 月，福耀就被美国联邦安全与卫生署（OSHA）因违规行为处以22.5 万美元的罚款（后改为 10 万美元），福耀为此又投资了 700 万美元改善工厂的安全相关问题。①

福耀玻璃的发展挫折，是中国企业走出国门后的常见境况，这给许多企业上了生动一课，即当商务活动成为国与国之间的常态活动后，熟知该国的政治状况，了解该地区的社会习俗、文化特色等，对于企业的落地生根无比重要。毕竟对环境中的客观信息搜集得越多，越有利于规避风险，更好发展。

在全球经济化的大背景下，不同性质企业搜集到的客观信息会有区别。

一是业务涉及不同国家的企业。目前，国与国之间的商务交流日益频繁，如中国公司去其他国家开拓业务，外国企业到中国来发展市场等已成为国际市场中的常规商务现象。而要在异国从事生产、销售及其他经营活动，避免不了与不同国家和民族之间的商务谈判。因此，企业在行动之前需要了解诸如政治状况、法律制度、社会习俗、文化特色、宗教信仰、价值观念、市场信息等客观信息，为企业在当地顺利发展保驾护航。

二是业务集中在国内的企业。因资金、技术、人力、信息获取等方面的差异，国内的企业更注重挖掘内需，深耕本土，它们在经济发展中起着举足轻重的作用。在搜集客观信息中，国内企业因地域和文化的优势，对于政治状况、法律制度等较为熟悉，更关注搜集跟企业发展相关的其他内容，如餐饮行业在合并收购中，需要了解当地的收入水准、饮食习惯、消费习惯、心理特征等，通过完善的信息搜集，找到自己的优势所在，进行有价值的谈判对话。

---

① 《中资工厂在俄亥俄州遭遇文化冲突》，载于《纽约时报》，2017 年 6 月 12 日。

二、掌握价值信息

在搜集信息中，有价值的信息对商务谈判至关重要，影响到双方的利益。

> 　　国内某冶金公司要向 M 国购买一套先进的组合炉，派一高级工程师与 M 国商人谈判。为了不负使命，工程师查找了大量有关冶炼组合炉的资料，花了很大精力搜集了 M 国在国际市场的出售价格及国际市场上组合炉的行情。
>
> 　　谈判开始，M 国商人将中方要的基础设备定为 150 万美元。中方工程师列举各国成交价格，使对方意识到中方有备而来，最终以 80 万美元成交。当谈到核心的设备时，M 国商人报价 230 万美元，经过多轮讨价还价，M 国降到 130 万美元，但中方坚持出价 100 万美元。
>
> 　　M 国商人很愤怒，认为中方没有诚意，遂结束谈判，气呼呼离场。冶金公司其他代表埋怨工程师不该抠得这么紧，导致谈判破裂。工程师说谈判不会破裂，M 国去年以 95 万美元的价格把同样的设备卖给 F 国，根据他搜集的资料，国际市场上这种设备的正常价格是 100 万美元，M 国商人有利润可赚，不会轻易放弃。果然，一周后 M 国商人又回来继续谈判，提到现在物价上涨厉害，故不能卖出与 F 国同等的价格，希望中方加价。工程师根据 M 国每年物价上涨的指数，指出 100 万美元是合情合理的成交价格。在事实面前，M 国不再坚持，双方最终以 101 万美元达成了交易。

在上文的谈判中，冶金公司能够胸有成竹地完成谈判，以合理的价格买下所需的产品，在于抓住了对手有价值的信息。在公平竞争的市场环境下，任何商品的交易都要遵循价值规律，这是市场良性运行的基本条件。

新千年后，中国加快了国际化的步伐，商务谈判越来越向专业化发展，市场的信息也越来越透明，依靠信息的不对称获得高额利润的商业行为已成为历史，但对于参与商务谈判的双方来说，搜集并掌握有价值信息这一要求始终没变。

有价值的信息虽没有局限是哪一类信息，但它有简单明了的判断标准，即是否推动谈判向有利方向发展，是否帮助个人或企业实现了谈判目标。这些信息可以是对手的年龄、经历、爱好、性格、合作意图、合作愿望、合作程度，也可以是对手的产品情况、企业经营情况、资信情况，还可以是双方的了解程度、信任程度、评价等。

总之，有价值的信息是企业在谈判中帮助自己获得最大化利益的相关信息。企业通过对有价值信息的挖掘，有利于扭转谈判局势，确立谈判中的优势地位，推动谈判向自身利益方面迈进。

三、了解竞争信息

商业活动是买方市场，企业在经营中必须考虑竞争者信息。

20世纪80年代，欧美企业已经建立了正规化、制度化的竞争者信息系统。1985年，一项对"全球500强"的调查中发现，超过1/3的公司每年用于竞争者分析的支出超过100万美元，而且至少有一个专业部门来从事这项工作。财力和规模不足的中小公司，则可以通过专门的Dataquest（一种数据库）购买竞争对手的相关信息，这给国内不断发展壮大的公司带来很多有益的启示，即商务谈判中，竞争无处不在，了解竞争者的信息也是必备之举。

> 在中国电商的发展史上，拼多多宛如一匹黑马。
>
> 2015年9月，拼多多在上海成立。当时，淘宝和京东是国内电商的两大巨头，在大树遮蔽下，没人觉得这个新成立的电商公司能够茁壮成长。
>
> 但拼多多的表现让人大吃一惊，自成立之后，拼多多相继与资本谈判，前后进行了四轮融资，获得了高榕资本、IDG资本、新天域资本、腾讯产业共赢基金、光速资本、凯辉基金等资本的青睐。
>
> 拼多多靠什么让资本心甘情愿投入？靠的是与竞争者完全不同的发展模式。
>
> 淘宝是个人对个人的C2C电商模式，京东是商对客的B2C电商模式，拼多多"另辟蹊径"，选择了消费者直连工厂的C2M模式。
>
> C2M模式具体做法为平台先借助大数据分析收集真实消费需求，工厂再根据要求定制产品。这样一来，省去了"中间商赚差价"，消费者既能买到自己想要的款式，又能以低价买到高质量的产品。最关键的是，厂家可以按需定产，这样就避免了产能过剩导致的库存积压问题。
>
> 依靠这个特点，拼多多弯道超车，发展壮大，并于2018年7月26日上市。

拼多多融资的过程也是一种商务谈判。它提示我们，在商务谈判中学会收集信息，尤其是搜集竞争者的核心信息非常重要。因为在竞争者的参照下，己方的特色容易凸显，能更好说服投资者。

了解搜集竞争者信息可以从外部信息和内部信息两个方面展开。外部信息指竞争者对外公开的一切信息，可作为相关判断的参考依据。内部信息指竞争者不对外公开的信息，获取起来会有难度，且难以把握法律尺度，需谨慎对待。

由于各个企业所在行业不同，企业搜集竞争者信息的内容也不相同。管理学的知名

项目四

学者迈克尔·波特[1]提出竞争者分析框架，可以为企业搜集竞争者信息提供有利帮助。

这个框架从宏观出发，包含了五个内容：竞争者的长远目标、竞争者的现行战略、竞争者的基本假设、竞争者的潜在能力、以及竞争者受到威胁时可能做出的反应。企业可以根据这个概念性框架，结合行业特点和企业需要，将5个方面的问题进一步细化。

从微观层面看，竞争者信息也可以从竞争者数量、规模、种类、性能与设计、市场占有率、未来变动趋势、商品推出形式、消费者偏好与价格水平、售后服务及满意度、广告宣传类型与支出等方面去了解。

总之，搜集竞争信息，进行汇总、分析和利用，可以帮助企业了解竞争对手，客观分析双方优劣，从而正确评估自身实力，为个人的谈判增加筹码。

 **情境训练**

沃尔沃 (Volvo) 是瑞典著名汽车品牌，创建于1927年，有完备的生产链。

1999年，受全球销量持续回落等因素影响，沃尔沃集团将旗下的轿车业务出售给美国福特汽车公司。但新东家并没有拯救沃尔沃的销量，福特自身经营欠佳，业绩年年下滑。2006年，不堪重负的福特欲出售旗下几条高端生产线缓解经济困难。中国浙江吉利控股集团有限公司CEO得知这个消息后，奔赴国外，准备收购沃尔沃。根据2007年的财报，吉利收入约100亿人民币，沃尔沃收入约106亿美元。大家都在看吉利的笑话。

业内人士也持反对意见，如雷诺－日产联盟的总裁兼执行长的戈恩说："如果是我的对手，我会怂恿他去购买。但如果是我的朋友，我会让他别碰。"

吉利不信邪，坚持收购。

经过漫长的谈判，2010年3月28日，福特将沃尔沃轿车100%的股权以及相关资产(包括知识产权)以18亿美元的价格卖给吉利。

从收购结果看，完全是逆袭的经典故事！

 **问 题**

2007年，作为吉利公司的一名核心员工，你被选中参与沃尔沃的收购案。CEO让你对福特公司做个详细调查，摸透对手，以确保谈判中的优势。你应该从哪几个方面调查？试列出你的方案。

---

① 迈克尔·波特（1947—   ），哈佛大学商学院教授，全球知名管理思想家。

任务二

坚守底线，争取目标

1982 年 9 月，被称为"铁娘子"的英国首相撒切尔夫人访华，与中国政府谈判香港问题。

9 月 24 日上午 9 点，中共中央顾问委员会主任、中央军委主席邓小平在人民大会堂福建厅会见来访的撒切尔夫人。

会谈开始前，邓小平就对身边的工作人员说："香港不是马尔维纳斯，中国不是阿根廷。"（彼时，英国刚刚通过武力，从阿根廷手中夺取了马尔维纳斯。）

会谈原定时间一个半小时，但实际上整整延长了 50 分钟，足见双方较量的激烈程度。

英国希望继续管理香港。

邓小平断然拒绝，理由是：如果现在的中国政府让英国在 1997 年之后继续留在香港，那跟签署不平等条约、放弃中国领土给英国的清王朝没什么两样。

邓小平提出了中国政府的谈判原则：

1. 中国对香港的主权不容谈判，只能谈香港回归的机制。

2. 如果两年内谈判不能解决回归机制的问题，中国就要强行制定香港回归之前的过渡安排。

谈判结束后，撒切尔夫人心情沉重地走出会场，因无暇看路，在人民大会堂前的台阶上摔了一跤，被现场多国记者拍了照。

1997 年，香港顺利回归到祖国的怀抱。①

课堂讨论

1. 香港回归的谈判故事给我们的启示是什么？

---

① 根据国务院新闻办公室发布的《〈一国两制〉白皮书》中的内容汇总而成。

2.你怎么理解邓小平提出的谈判原则？

谈判是为了更好地合作

马克思说："人们奋斗所争取的一切，都同他们的利益有关。"

在商务谈判中，合作始终是谈判的主旋律。谈判对手从满足自己的实际利益出发，希望通过彼此之间的交锋，找到最佳平衡点，发展长期的合作关系。因此，谈判中要设置基本底线，争取满意的谈判目标。

一、设置基本底线

商务谈判底线指谈判双方在谈判中能够承受或能够认可的最低下限，这个底线构成了谈判进行的基础。

> 1992年，上海甲公司引进外墙防水涂料生产技术，日本乙公司与香港丙公司报价分别为22万美元和18万美元，两公司的最低底线是19万美元和18万美元。经调查了解，两家公司规模虽不同，但技术与服务条件大致相当，甲有意与丙公司成交。在终局谈判中，甲公司安排总经理与总工程师同乙公司谈判，而全权委托技术科长与丙公司谈判。丙公司得知此消息后，主动大幅度降价至10万美元与甲签约。

案例中，甲公司兵分两路，让丙公司认为合作机会渺茫，主动降价，虽然达成了签约目标，但丧失了公司谈判底线，是一种不可取的行为。

谈判底线形成于谈判活动开始之前，是双方为自己设定的最低期望目标。比如买卖过程中，卖方的商品成本价为15元，卖到20元以上才能盈利。那么，不管买家购买多少，20元就是卖家的底线。

确定底线之后，商务谈判过程就是博弈过程。你来我往、唇枪舌剑、陷阱重重，极其考验双方的心理承受力。

这个时候，耗时耗力的对弈常常让谈判者心力交瘁，一不小心就容易被别人牵着鼻子走。而要想不误入圈套，慌了阵脚，只有牢牢把握底线目标，才能合理应对，争取更多利益，实现谈判目标。

二、努力争取目标

大型的商务谈判很难一锤定音，像中国加入 WTO 这样的谈判进行十五年就是典型例证。中小型的商务谈判也很少速战速决，多数情况下，双方在谈判过程中反复拉锯、循环回复、为实现自己的谈判目标不遗余力。

> 迈克尔·惠勒 在《谈判的艺术》一书中，有一个非常有意思的例子。
>
> 桑迪住在缅因州海岸，缅因州东面有一个小岛，叫博尔德岛，岛上风景如画，有一片树林，有一个可以停船的码头，还有一栋舒适的房子。
>
> 桑迪去那座小岛游玩后，很喜欢那所房子，想购买。房子的主人住在纽约州北部，桑迪于是写信给房主，问她愿不愿意出售。桑迪没有收到回音。
>
> 第二年，桑迪去小岛旅游后，又给房主写了封信。谈到了家人对大海的热爱以及他的孩子在学校里的表现。房主还是没有回音。
>
> 在接下来的 6 年里，桑迪每年都给那位女士写信，一遍又一遍地重复他对小岛的兴趣，并告诉她家里的近况。但是，他依旧没有收到任何答复。
>
> 第九年，桑迪写信告诉房主，说他想打电话给她，但是如果她不希望如此，他会尊重她的意愿。
>
> 几天后，桑迪给房东打电话，一名护士接了电话并告诉他，那位女士没法接电话，不过她希望他继续写信。
>
> 几个月后，桑迪收到这位女士的一封信，信上说她已经准备好出售那套房子了，她想让他先出价。桑迪告诉女士自己的情况，给了一个自己能负担的最高价格。女士给他打电话说愿意接受他的出价。
>
> 但是，第二天桑迪接到一个电话，是女士的律师，说不能签订合同，因为桑迪的报价远低于该房产的市场估价。
>
> 桑迪给这位女士回了封信，称自己能理解这种情况，不过考虑到家庭财务状况，他给出的价格已经是最高的了。
>
> 两天后，女士否定了律师的看法，桑迪成了博尔德岛房子的新主人。

桑迪奇特的购买经历很少有人能遇到，但他努力争取目标的行为值得肯定。与桑迪目标的单一性相比，商务谈判中的目标并不唯一，其不但按照谈判的进度分为三个层次，而且必须要在一定的条件下才能实现。

项目四

（一）谈判目标的三个层次

（1）必须达到的目标，是指双方在商务谈判中的最低目标，这是最低要求，如果达不到，一方则可能会放弃谈判。这也是谈判双方的机密，要注意保密。

（2）可以接受的目标，是指在谈判中可以努力争取或者做出让步的范围，谈判双方的讨价还价多在这个范围内开展。这个目标是经历综合权衡后的选择，是谈判人员根据各种主客观因素，经过科学论证、预测和核算之后所确定的谈判目标；它可以满足谈判方部分需求，对谈判双方都有较强的驱动力。在谈判实战中，可以接受的目标具有一定的弹性，经过努力，基本都能实现。

（3）最高目标，是指对方在谈判中追求的最理想目标，也可以称为最优目标，会带来有利的谈判结果，较难实现。

（二）目标的实现条件

对于谈判双方来说，确定正确的谈判目标是保证谈判成功的基础。大多数情况下，可以接受的目标是谈判中最常见的结果，这个结果往往在 ZOPA 中取得。

ZOPA 是商务谈判的专有名词，意思是可能达成协议的空间（Zone Of Possible Agreement），又称为谈判协议区。这个协议区是双方心理底线重叠形成的"价格区域"。换句话说，这是买方的价格空间与卖方的价格空间的交集。

谈判中有 ZOPA 的存在，对于谈判双方至关重要。因为商业活动与其他社会活动不同，商业活动"利益至上、锱铢必较"，最不讲究道德和礼貌，很容易就发生争执。而 ZOPA 是在无数次试错的基础上获得的宝贵经验，从一开始的互不相让到互相退让，到争取双方利益最大化，ZOPA 充当了矛盾斡旋的缓冲区。

ZOPA 在谈判中经常由沟通和交流而发现。在沟通和交流中，谈判双方很容易了解对方的筹码，知道对方的心理接受程度，从而及时地调整自己的谈判方案。

筹码是把双刃剑，既能割伤自己，丧失谈判的主动权；也能威慑别人，逼迫对方让步。前者会造成碾压式的对立，失去谈判的价值；后者会给对手思索的空间，毕竟谈判的最终目的是双方利益的最大化，而不是两败俱伤。

借用筹码，谈判对手可以一步步试探对手的心理底线，并借助于 ZOPA 的缓冲，缓慢艰难地上调自己的谈判目标，努力争取，完成一场高质量的谈判。

 **情境训练**

A 公司成立于 2006 年，是一家从事检测和鉴定的第三方机构。公司成立以来，不

仅获得了国家级高新技术企业的认定，而且取得了行业最高级的资质。随着业务的发展，A公司开展了全国城市合作服务商计划，以提供技术的方式，招揽当地有实力的企业加盟，扩大公司的影响。

B公司在本地有很多客户资源，但不具备国家认定的资质，故非常想成为A公司的合作服务商。但B公司老板王某对A公司提出的五五分成不太满意。王某在当地深耕多年，认为自己有能力拿下很多业务，市场才是主力。经过详细筹备后，王某带领副手跟A公司谈合作事项，希望能提高自己公司的分成，王某的最低底线是六四，即B公司拿六，A公司拿四。

假定你是王某的副手，请根据老板的要求，设置谈判可接受目标和底线，并规划出斡旋空间，以条文的形式呈现。

任务三
4-3

▶ **求同存异，合作共赢**

1793年，英国派遣马戛尔尼率使团出使大清国，借为乾隆祝寿名义进行通商贸易的谈判。

中华乃礼仪之邦，擅长待客之道。因此，不管乾隆内心是否待见英国人，但自始至终给予了足够的重视和尊重，包括下诏亲自布置工作，严令各省督抚做好沿途的接待工作，并允许其用单膝跪拜礼仪等。

为了谈判顺利，马戛尔尼带来了天球仪、地球仪、钟表、玻璃灯具、枪械火炮、风帆战舰模型等西方文明产物，想震慑一下落后的东方人，为谈判加码。

但马戛尔尼见识不足，清王朝根本不稀罕这些东西。

天球仪、地球仪，钦天监早有了。

玻璃灯具，圆明园一大堆，比西方人的还好看。

钟表，京城和广州的钟表匠造的更奇巧精美。

枪械火炮不错，但其展现出来的技术和威力，比中国的火枪好不了多少（马戛尔尼没有带最先进的武器来），给不了乾隆震慑感。

风帆战舰模型是个好物，但大清不喜在海上舞刀弄枪，早早关闭了海防，帆船无用武之地。

总之，跟马戛尔尼见面后，乾隆很失望。

偏偏英国的胃口还不小，张口提出：

1. 开放宁波、舟山群岛及天津为通商口岸；

2. 将舟山群岛之一海岛划给英国作为英国商业基地；

3. 在广州附近拨给英国一块地方，供英商居住，或允许英国人在广州"出入自便"；

4. 在税率方面，给予减免优惠。

乾隆皇帝很不悦，心想搞这些不上台面的东西糊弄我，还想要我地盘，吃了豹子胆了。不过念汝是蛮夷，不懂礼数，且朕要当明君，否则，一顿板子都是轻的。于是批复：

"向来西洋各国，前赴天朝地方贸易，俱在岙门，设有洋行，收发各货，由来已久。"

"天朝尺土俱归版籍，疆址森然，即岛屿沙洲，亦必划界分疆，各有专属。"

通俗点说，就是广州设有专门的洋行管理贸易，不为你英国破例。至于划地给你，想多了。祖宗疆土，不可尺寸与人，否则我有何面目见列祖列宗？

乾隆烦得很，这帮金发碧眼的东西，不该抬举他们，还蹬鼻子上脸了。

于是，谈判失败，马戛尔尼灰溜溜走了。①

课堂讨论

1. 在当时的环境下，你认为英国怎么修改谈判条件，才能让乾隆皇帝接受，顺利开展通商贸易？

2. 该事件对你有什么启示？请发表一下自己的见解。

---

① 资料来源于《英使与马戛尔尼使团访华档案史料汇编》，并参考了沈艾娣的相关文章。

 知识讲解

商务谈判的目的

1993 年，罗杰·费希尔、比尔·尤里和布鲁斯·巴顿写作了颇具开拓性的《谈判力》一书。书中提到很多人共有的一个观点，即谈判不可避免会导致一输一赢，而赢者往往靠力量与欺骗而来。

不过，观点后面又附了大量案例，用美国历史上工会和企业的斗争，证明了靠力量与欺骗进行的谈判，胜者赢之不武，输者心有不甘，双方冲突不仅难以清除，反而会发酵壮大。

那么，什么样的谈判结果，既能达到自己的目的，还能兼顾到别人的利益？

一、求同存异

"求同存异"一词最早出现在《礼记·乐记》中："乐者为同，礼者为异。"本意讲礼乐之道，后演化为社会文化中的处世态度。

1949 年，周恩来总理代表新成立的中国参加 1955 年的亚非会议，提出了"求同存异"的外交方针，彰显了大国气度，成为中国外交史上的重要一页。

商务谈判兴起之后，"求同存异"被拿来所用，并演变成商务谈判的一个指导方针。"同"是双方谋求一致的目标，"异"是双方的争议之处。"求同"很容易达到，但是"存异"往往会带来矛盾和争议。

> 阿文德与一对年长的夫妇是亲密朋友。
>
> 这对夫妇住在海景别墅里。不知怎么回事，20 年来，从未有人向他们收过房产税，他们也从来没有支付过这笔费用。
>
> 当市里发来通知时，房产税费用高得惊人。这对夫妇不想给自己增添经济负担，他们没有孩子，遂决定卖掉别墅，买栋小房子住。
>
> 他们喜欢阿文德，于是找到他，提出将房子以 250 万美元的价格卖给他。
>
> 阿文德意识到这个价格非常便宜，但仍超出了他自己的购买能力，他想看看 225 万美元能不能成交。
>
> 他去找房主讨价还价，房主夫妇很受伤："我们像对待亲生儿子一样对待你，给了你最优惠的价格，你就是这样回报我们的吗？"
>
> 房主重新找了一家房地产经纪公司。不到一年，他们便以 1100 万美元卖掉了房子。

在这个故事中，房主夫妇和阿文德之间的共同目标是"交易完成，友情依旧"。存异之处是阿文德没钱，房主夫妇在低价出售基础上讨厌讨价还价。结果，房主夫妇高看了阿文德的实力，阿文德低估了房东对他的容忍度，最终交易没有完成。

这是个遗憾的交易，因为互相的不退步，他们没有达成任何一项共同目标。当然，从经济角度看，阿文德损失最大。

商业是一种竞争，竞争中不可避免会伤害到相关方的利益，如一直损人利己，企业做不长久。企业要想发展，不可能做一锤子买卖，肥自己，苦别人，而是需要与利益相关方进行长久的持续合作，把蛋糕做大做强，让大家都得到好处。

商务谈判亦是如此，需要在竞争中合作。谈判不外乎解决双方争议、促进友好关系、满足各自利益需要等，"求同存异"可以帮助双方达成合作目标。

"求同存异"要求双方认准最终的目标，求大同，同时要发现对方利益要求上的合理成分，并根据对方的合理要求，在具体问题上采取灵活的态度、变通的办法，做出相应的让步举动，促使谈判有一个公正的协议产生。

二、合作共赢

摘录了全世界精华思想的《羊皮卷》中有这样一句话："在考虑别人利益的时候，你也同时能实现自己的利益"，这是合作共赢思想的核心体现。

合作共赢又可以概括为"双赢"，当商务谈判成为商业活动中不可忽视的组成部分后，"双赢"就成了双方共同关心的内容，相关的正面例子层出不穷。

> 2020 年春，网上流传一个故事。
>
> 一名女子，因为经济比较困难，决定卖房。
>
> 一名男子，考虑结婚成家需要，决定买房。
>
> 在中介的推动下，两人相遇，经过一番讨价还价，交易成功。
>
> 两人在交易中经常聊天，慢慢聊出感情，不出半年，领了结婚证。
>
> 姑娘窃喜，房子出手了，钱也到手了，房子住着，还白捡一个老公。
>
> 男士也高兴，房子有了，老婆有了，钱还在自己人手中。

这个故事虽然可能是笑谈，但有一定的启示意义，因为它透露出商业的合作共赢思维。商业谈判中，无论我们如何努力准备，都一定会遇到意外，不管是好的还是坏的，都要及时修正前进方向，遵照以下准则，实现"双赢"。

（1）关注长期利益，并将之放到优先级。

（2）对事不对人，将人与问题区分开来。

（3）求同存异，发掘互利因素。

（4）原则至上，坚持客观标准。

（5）发现达成谈判协议的最佳选择。

以上五个步骤实则也是迈克尔·惠勒在谈判学中总结的谈判策略："双赢"不是现成计划好的，而是在谈判过程中"发现"出来的。更进一步说，任何一场谈判都在不断发展变化，要利用适当的技巧，抓住瞬间的机会，达到"双赢"的效果。

除此之外，应始终记得，谈判要"重视人与人之间的交往"，这是人际关系的一种表现。而人际关系是人生中的重要关系，它激发了人们在谈判中解决问题的潜力，这种潜力否定了"给你更多意味着我得到更少"的看法，而是帮助建构起一个双向的利人利己过程。

在这个过程中，谈判方需要牢记沟通为上，不管是支持对方的好想法，还是重塑对方的想法，都要学会引导对手，借助对方之口说出自己的目的。双方要精通沟通方法，清楚什么时候后退，什么时候前进，学会对别人施加影响，达到最终想要的目标。

人人营私，则天下大乱。学会合作，达到"双赢"，是商务谈判的目的所在。

三、谈判的意义

培根在《谈判论》中指出，"与人谋事，则须知其习性，以诱导之；明其目的，以劝诱之；知其弱点，以威吓之；察其优势，以钳制之"。言语刚性十足，生生把谈判变成一场钩心斗角的人际战争。

虽然，谈判劳心劳力，也符合人际战争的特点，但谈判的目的不是你死我活，而是小则达到双赢，大则有利于国计民生。

中国古代的政治战争背后隐藏的都是经济利益。

1004 年秋，辽朝萧太后与辽圣宗，亲率大军南下，深入宋境。很多大臣主张避敌南逃，或迁都南京，宋真宗觉得是个好办法。

宰相寇准大骂了那些擅长脚底抹油的大臣，力促宋真宗御驾亲征，并请真宗登上澶州（今河南濮阳）北城门楼以示督战。皇帝亲临战场，宋兵斗志昂扬，一鼓作气，逼退辽军。

萧太后见战胜无望，后退又丢面子，遂主动写信求和。宋真宗本不爱打仗，欣然同意，派曹利用去跟辽谈判，并告知曹，宋最多赔一百万两银子。

几经讨价还价，双方达成了共识，宋朝每年给契丹 10 万两白银，20 万匹绢，开放边境，允许互市贸易。

从政治的角度看，仗打赢了还赔钱是件很丢面子的事。

但宋真宗不觉得丢脸，因为宋朝如果出兵打仗，每年的用兵费用约 3000

万白银，而给契丹 30 万银绢只占用兵费用的百分之一。

至于白银 10 万两、绢 20 万匹的赔偿款项，宋真宗根本不担心。凭借宋当时的经济发展水平，赔的钱通过边境贸易，从契丹人手中赚回就行了。

所以，从经济学角度看，北宋以极少的代价换取了打胜仗所难以获取的经济效果。真宗觉得赚大了。本来制定的赔偿标准是不超百万，曹利用竟然谈到了 30 万，真是个人才。真宗高兴至极，重重奖赏了曹利用。

历史故事已成云烟，后人很难有统一定论，但我们可以从宋辽议和中读出求同存异、合作共赢的好处。

故事中，辽国身处穷乡僻壤，最缺钱财，所以要一点是一点，免得师出无名；而宋财大气粗，觉得能用钱解决的事都不是事。抱着这种心态，双方都很满意，辽国要一得十，觉得占了大便宜；宋国花钱消灾，结果一半钱都没花出去，双方各自欢喜，握手言和，维持了百年的和睦局面。

政治最终要为经济服务，政治的谈判启示同样可以套用到经济活动中。

经济活动中的商务谈判，隐藏在企业的发展过程中。在中国，市场经济放开后，企业开始与国际接轨。在商言商，商务谈判兴起。

因为发展时间的短暂，商务谈判在中国缺少经验沉淀，导致实际操作中存在很多不确定性和混乱性。尽管引入了国外各种先进的理念和方式，但并不能全盘消化和落地，需要不断地打磨和历练，才能积累有效经验，实现真正意义上的商务谈判。

市场经济没有永恒的敌人，也没有永恒的朋友，只有永恒的利益。许多时候，对手不仅仅只是对手，正如矛盾双方可以转化一样，对手也可以变为助手和盟友。

"求同存异、合作共赢"，围绕着这个目标，商务谈判小到帮助自身获取利益，助力企业做大做强；大到帮助国家实现商业目的，助力国民经济的发展，这才是其终极意义所在。

 **情境训练**

××大学是西南地区的一所私立本科院校，每年招收学生两万人，但教师待遇多年未变，低于该地区平均工资，教师离职率特别高。

为了提高办学实力，董事会特聘请一位知名学者担任校长，管理学校事务。

校长上任后，经过调查，发现学校发展的最大阻力是无人可用。因收入太低，优秀的教师纷纷跳槽，没有跳成功的四处兼职，精力分散，对本职工作潦草应对。

经过充分的调查后，校长决定跟董事会谈判，请董事会提高教师工资待遇，调动教师热情，提高学校的办学水平。

问　题

请你以校长的身份，准备一个谈判草案，内容包括谈判前的现状调查、目的、意义、具体事项等，以条文的形式呈现。

2010年，吉利收购沃尔沃成功的案例轰动全球。

这是中国汽车企业迄今最大的海外并购案，也是中国国际并购史上最为经典和复杂的收购案。该案例被哈佛商学院的教材收录，也成为国内各大商学院必备的商业案例。

未收购之前，沃尔沃仅2009年即亏损170亿瑞典克朗（克朗与人民币汇率比约为1:0.7）。而到了2016年，沃尔沃营收额达到1807亿克朗（约204亿美元），利润上涨66%，达到110亿克朗（约合12.4亿美元）。

当年，吉利以一个小品牌为依托，耗费8年时间，与福特、高盛、摩根、罗斯柴尔德等国际大佬公司斗智斗勇，完成蛇吞象的收购，体现了民营汽车公司的胆魄与谋略。

曾经，民营汽车的自主品牌是廉价和质量低劣的代名词。

有人会问，为什么不奋起直追？

怎么追，刚起步的实力怎么能追上国际知名品牌百年的沉淀？

要想弯道超车，收购或并购也许是一条最佳之路。

现在，越来越多的中国企业走出国内市场，在国际上大放光彩。

讨　论

1.结合吉利收购沃尔沃事件，谈谈对"工业立国"的理解。

2.结合沃尔沃被收购之后利润的连续增长，谈谈对"贸易富国"的理解。

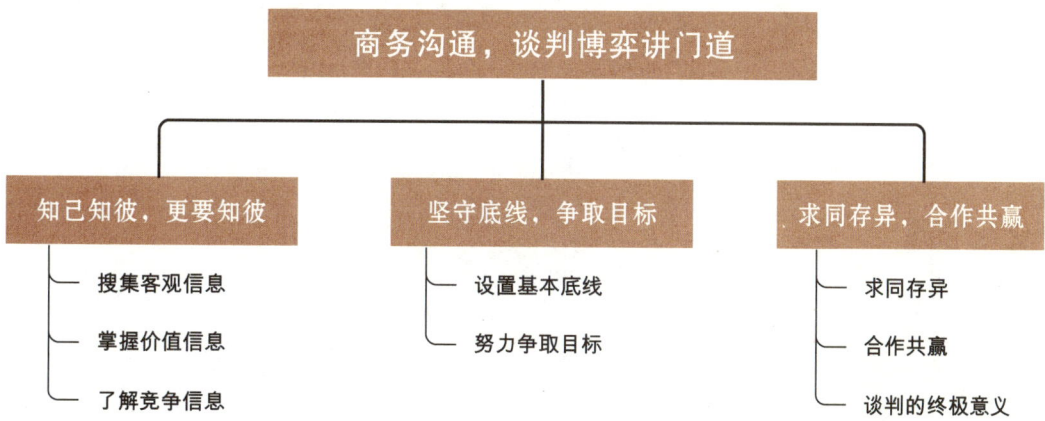

课后作业

在情境训练中，校长与教师代表准备跟董事会谈判，重点沟通教师涨薪问题。而董事会因为各种原因，同意涨薪，但又不太能接受大幅度的涨薪，他们有自己的接受底线，如对校长的要求，对学校发展目标的要求。不过，他们希望学校更好地发展，所以，双方都在努力实现双赢。

 任 务

与同学一起，挑选身份，按照各自的草案组织一场现场谈判，并挑选5~7名同学当评委，在谈判结束后进行点评。

项目四

直播当道，营销话术有技巧

1. 了解直播的语言表达特点
2. 熟悉直播带货的专业知识和能力
3. 掌握直播带货的控场技巧

任务一　　　　　　　　　　　　　　　　▶ 口才要好，表达要巧

5-1

案例导入

2021 年 1 月 1 日，小米创始人兼 CEO 雷军在抖音直播带货，首发了小米 11 雷军签名版，还带货了一大波小米好物。

整场直播累计观看量超 3849 万，小米 11 签名版 5 秒售罄，全场产品销售金额破 1.88 亿。

这已经不是雷军第一次带货。但每一次带货都能取得好成绩，确实让人艳羡不已。雷军的带货成绩，一方面是小米品牌在用户中的吸引力，一方面是个人的人格魅力加持。

雷军的人格魅力体现在很多方面，比如机智的口才和幽默的表达。

直播发布前的预热视频里，有人问雷军为什么要亲自上阵直播，难道是觉得自己很帅？

雷军回答："当然，我是小米第一帅，不帅的都被开除了。"

大家都知道程序员脱发是业内通病，但是雷军的头发很浓密。

于是直播间有网友问："雷总是不是假的程序员？头发这么多！"

雷军回应："我当时可是很好的程序员，我们现在都要小心保护，因为植头发很贵很贵，每个人头顶上都是一栋别墅。"

直播中要涉及对产品的介绍，而熟悉产品的特性是雷军一直以来从不拖后腿的好品质。从大型的发布会演讲到几百万人的直播带货，他拿起产品就能够"侃侃而谈"，以熟悉的口吻告诉你这款产品会给用户带去什么好处、会有哪些地方深受人们的喜爱；他对产品如数家珍，大到一款 98 寸的智能电视、小到一款汽车无线充电器，他都能够轻松地告诉屏幕前的人们：小米会为这款产品付出哪些服务、这款产品的优越之处在哪里？

并且，他从不会学别的油嘴滑舌的主播一个劲地说小米有多难、为了大家争取利益有多么的辛苦，他只会说自己的产品有多好，大家买肯定没错，就完事儿了。

真诚亲切的表达，让雷军的直播实现了他的初衷：不仅仅是带货，更想和他人分享产品背后的故事，就像和朋友聊天一样。①

1. 请你观看一下雷军的直播，分析其直播特点。
2. 你认为主播的口才是否重要？为什么？

知识讲解

直播与口才

互联网时代的来临，让网络直播趁势而起，与传统媒体形成了鼎立之势，并越来越呈现出发展壮大的趋势。

网络直播形式多样，如游戏直播、生活直播、教育直播、新闻直播等，但最引人注目的莫过于购物直播，俗称直播带货。

直播带货将互联网的流量变成真金白银，其优秀的盈利能力得到全民认可。

2020 年春，一场突如其来的疫情冲击了中国经济的发展，在全民居家隔离期间，面对经济的不景气，从草根平民到网红明星，从政府官员到企业老总，纷纷借助于各大直播平台，开始了直播卖货之路，直播带货行业得到爆发式的发展。

---

① 《雷军直播首秀销售额破 2 亿，大佬们的新零售你学到了吗？》，腾讯新闻，2021-08-21。

这其中，最为耀眼的当属各个行业大佬，他们投身直播，开启了传统市场零售方式的变革。

> 2020 年 3 月 23 日晚 8 点，携程 CEO 梁建章在三亚亚特兰蒂斯酒店开启了他的直播首秀，1 小时卖掉了价值 1025 万元的酒店套餐。
>
> 2020 年 4 月 24 日，格力董事长董明珠在抖音开启了"格力电器全国巡回直播"，截至 2020 年底，全年直播 13 场，创下了 476.2 亿元的带货战绩。
>
> 2020 年 5 月 15 日，李彦宏在百度 App 对话樊登，分享了自己的阅读书单，2 小时后，上架的书单盲盒被抢购一空。
>
> 2020 年 6 月 11 日，丁磊为网易严选的产品开启了直播，当晚创造了 7200 万元的成交额。

名人可以自带光环，但大多数人在直播间从开场的寒暄，到随后的暖场、关注、问答、留人、带货、催单，到结束时的感谢、收盘、预告、期待等，全要靠主播的一张嘴来完成。

没有好的口才和表达，完不成一场引人关注、销量大好的直播。

一、好口才的标准

> 诸葛靓在吴，于朝堂大会。孙皓问："卿字仲思，为何所思？"对曰："在家思孝，事君思忠，朋友思信，如斯而已。"

口才，简单来讲，就是说话的才能，包括各种表达技巧。口才是一个人的思想品德、思维能力、知识学问、智商情商、言语能力和风度气质在某个范畴、某种程度上的综合体现。人类天生具有说话能力，但好口才是高级的说话能力。

（一）好口才的基本准则

说话属于口语交际的范畴。在交际中，人与人之间通过发出信息与回应信息实现交流和沟通，彼此之间的互动非常重要。为了实现口语交际的顺畅进行，我们必须做到善表达、会聆听、能判断、会应对，这是好口才的基本准则，它体现的是一种综合能力。

（二）好口才的内涵

好口才的内涵是一座"金字塔"：宽大厚实的塔底是知识积累，包括知识储备、文化底蕴、思想理念、道德情操、人格修养、智力结构和心理素质等；塔身是思维和记忆能力，包括思辨和联想能力、想象和观察能力等；塔顶则是口语的表达能力和技巧。只有同时具备好这 3 个方面，才能体现好口才的内涵。

二、直播中的好口才

> 直播中的好口才如何体现？某主播卖大米给了我们较好的示范。他在出售东北大米这款商品时，深情地说："我没有带你去看过长白山皑皑的白雪，我没有带你感受过十月田间吹过的微风，我没有带你去看过沉甸甸的弯下腰犹如智者一般的谷穗，我没有带你去见证过这一切，但是，亲爱的，我可以让你品尝这样的大米。"

直播以语言来吸引观众，好口才是必备能力，在直播带货中，好口才有什么标准呢？

（一）表达风趣幽默

苏格拉底曾经说过这样一句话：令人喜悦的说话能力，是最容易得到世人认可的能力。主播风趣幽默的语言可以吸引观众的兴趣，增强个人魅力。

（二）语言组织有序

直播中观众的问题多种多样，弹幕发送应接不暇，主播要根据有价值的弹幕信息，快速组织语言，有序输出观众想要的信息。

（三）把握互动节奏

高互动高转化率是直播间的一个突出特点。优秀的主播，往往将卖货和聊天融为一体，积极与观众进行问答式互动，根据观众的话题发表自己的意见，保持直播间热度，促进交易完成。

总之，直播中的好口才，是通过幽默风趣的语言组织，把握互动节奏，保持客户兴趣，实现成功带货的有力保障。

三、训练好口才的方法

> 美国前总统林肯为了练口才，曾徒步 30 英里到法院去旁听，仔细观察、琢磨律师们如何辩论，一边倾听，一边模仿。他还曾把成排的树桩、成行的玉米假想为万头攒动的人群，对着"他们"一招一式、一丝不苟地认真练习口才。虽然林肯的语音条件不是很好，声音略带沙哑，但持之以恒的练习最终使他成为口才巨擘，并凭借出众的口才当选美国第 16 任总统。

直播既然是口语交际中表达能力的体现，如何练就这种能力也是日常学习中关注的内容。

扎实的训练是口才提升的必由之路。日常练习中可从三个方面入手：

1. 逻辑能力训练

逻辑能力是一种思维能力，即能把一件事有条理地表达出来的能力。

2. 语言节奏训练

在咬字清晰的基础上，语速可以根据个人特点而定，形成自己的说话节奏。但不管快慢，都需要节奏清晰，符合人的听觉习惯。

3. 语调起伏训练

根据表达的内容，说话者要适时变化语调，张弛有度，以调动观众情绪，达到说服目的。

直播中还要注意几个方面：

一是减少语气助词。比如那么、然后、是不是、对不对等，口头禅会影响表达效果，增加语言的累赘，让观众听起来不舒服，影响观看感受。

二是少说废话。简洁是语言的美感之一。在介绍产品时，切忌围绕一个话题反复进行，而是层次分明，重点突出，从外观到使用方法、从质量到售后，立体呈现产品特色，给观众清晰明了的印象。

三是少用专业术语。大部分专业术语，只有专业相关的人才了解，很多商品的专业术语 99% 的观众既听不懂，也没兴趣了解，说多了反而影响观众的购买欲望。

"工欲善其事，必先利其器。"直播中的好口才不仅助力销售目标的完成，而且带给观众良好的购物氛围，成为屏幕内外顺畅沟通和交流的主要工具。

情境训练

甘肃庆阳有五六十年的苹果种植历史，全市种植面积超百万亩，年产量达 90 万吨。在庆阳 260 多万人口中，从事苹果及相关产业的就业人数就达几十万。

2019 年秋，庆阳苹果大丰收，农户、商家都在期盼着春节的销售高峰。但是，受各种突发事件影响，线下销路严重阻塞。

庆阳市苹果协会帮助农民对接了淘宝的爱心助农项目，并建立了天猫旗舰店，走网络销售路线。现在，旗舰店要组建直播团队，对苹果的生产、管理、车间、包装以及整个冷链开展全方位的直播，让更多的消费者了解庆阳苹果。

你因口齿清晰、外形较好，被选进旗舰店的直播团队，并作为首期主播出镜销售苹果。

直播于两天后的晚上 8 点整开始。接到任务后，你请教了一个直播达人。他告诉你，

直播卖苹果的商家非常多，普通的消费者对于口感的讲究不大，觉得好吃就行。所以，质量好不是能卖出去的决定因素，决定因素在于你怎么卖出去。

他建议你在口才和表达方面多下功夫，吸引观众的注意，才能顺利推销。

 问 题

请你思考一下，如何准备首场直播，并预先演练一遍，录成视频与大家分享。

 **任务二**

专业过硬，沉浸其境

国内直播届的顶流，有一个绰号叫"口红一哥"。

"口红一哥"对口红有多了解，他的家里有一个口红展示架，密密麻麻摆放了 3000 支不同品牌的口红，中间的架体已经压弯。

他还有个仓库，里面放了 7000 支口红。

他给这么多口红做了系统的分类，并附上详细的标记。你随便说出一个口红的色号，他可以三秒钟帮你找出来。

而且最令人惊讶的是，这么多口红，他如数家珍，知道它的特色、优势以及体验的效果。一次直播，他一口气试了 380 支口红，试完之后嘴巴剧痛，别人问他为什么不直接涂在手背上？他说："口红的质感在嘴上和手上是完全不一样的感觉，'我'不想去敷衍。"因为涂抹次数太多，该主播的唇炎非常严重。

成名之后，他曾在 15 分钟卖掉 15000 支口红、5 个半小时斩获 353 万营业额的战绩被传疯，许多名牌被直接卖断货。

除了优秀的专业能力，该主播的现场感染力也特别强。

他在直播上的口头禅有"unbelievable""我的妈呀，太好看了吧""amazing""买它"。很多网友说，一听该主播说："oh my god，买它"，不由自主就开启了剁手之路。

这比洗脑还有魔力。

1. 你看过该主播的直播吗？怎么评价他的专业能力和现场感染力？

2. 2020 年，上海市崇明区政府公布的首批特殊人才引进落户的公示名单中，该主播上榜，很多人质疑这个名单，请谈谈你的看法？

知识讲解

主播是一种专业能力

有多年直播记录的张朝阳（搜狐 CEO）谈到直播的吸引力时说："人类的沟通正走向一个影像化的时代。文字有五千年的历史，还需要思考、认知再表达；影像不需要经过上层脑，直接就可以实现。"因此，网络直播这种新生态，正以不可阻挡的速度，影响着我们每一个人。

一、主播要具备专业能力的原因

在全民直播的背景下，直播带货作为网络直播中最具经济收益价值的形式，造就了一个个销售神话，吸引了全民参与。但由于进入门槛低，参与人良莠不齐的现象时有发生。

比如，主播的镜头感不好，给观众很差的观看体验。

主播的逻辑思维能力不足，产品介绍混乱，导致观众不知道卖点是什么。

主播的表现力欠佳，产品展现效果不足，削弱观众购买欲望。

主播与粉丝互动不自然，粉丝的问题不能及时回复，留不住观众。

……

这些常见现象，其根源是主播专业能力不足，无法引导观众进入直播情境，难以感染观众。

2020 年 5 月 2 日，央视在抖音直播间开展公益专场直播，为疫情期间经济遭受打击的湖北人民卖货。被誉为央视四大名嘴的康辉、朱广权、撒贝宁、尼格买提摇身一变为专业带货人。

平时正襟危坐、高高在上的名嘴，如今像普通网络主播一样，插科打诨、你捧我哏、卖力吆喝，让广大网友真正领略了"卖货兼卖艺"的风采。

提起带货优势，撒贝宁蹲下说："我的优势是，价格跟身高成正比。"朱广权迅速接过他的话："我也是没什么优势，干啥啥不行，身高高过撒贝宁。"

康辉则说："我的优势主要是靠脸，这样一张童叟无欺的标准好人脸，推销的产品能不好吗？"而尼格买提玩起"名字梗"："试问哪位带货主播的名字里，赤裸裸地写着'买'？不光'买'，还能'提'！"

除了搞笑互怼，"央视boys"也充分发挥专业能力。在介绍一款小风扇时，康辉现场给大家播起了新闻，"观众朋友晚上好，今天是5月1日星期五，欢迎您收看今天的《新闻联播》。今天《新闻联播》的主要内容有马上就立夏了，难道你不想感受一下清风拂面？电风扇要买回家！好了，这就是今天《新闻联播》的全部内容，感谢您的收看。"

在直播中，央视新闻出身的主播们金句频出，凭借过硬的业务能力圈粉无数，让本次直播不仅仅是一场"带货"活动，更是一场内容盛宴。

直播时长3个小时，其间总共吸引了超过1600多万人次在线观看，最终的总成交量达到了5个多亿。[①]

在业内人士看来，本次带货能取得如此好的销量，除了央视的平台号召力外，跟几位主持人的专业能力密切相关。

康辉：稳健大气，控场能力极强。

朱广权：金句当道，段子频出。

撒贝宁：理性幽默，卖萌要宝。

尼格买提：活泼风趣，甘当小弟。

一场带货，活脱脱成了四位主播的个人才艺秀。这种才艺不是临时的亮点展示，而是长期的专业能力积淀。这种能力，让他们无惧平台和形式，轻松胜任直播任务。

二、主播应具备的专业能力

2020年，某知名主播在其直播间出售的一款ahava手霜，受到消费者的质疑。有顾客在社交媒体上发文，认为其是利用直播间清库存。因为收到的护手霜距离生产日期已经一年，赠品甚至是两年前生产的。同时，该主播称之为"以色列国宝级品牌"，实际上该产品是在国内生产，并非真正的进口品牌。

2020年，国家网信办联合其他七部门集中开展了网络直播行业专项整治行动。对于

---

① 李盛楠：《央视新闻新媒体"直播带货"，打造精准扶贫新样本》，载于《中国广播影视》，2020年第11期。

直播中的从业人员素质不一，造成行业乱象的行为，中国广告协会在国家法规的指导下，发布了《网络直播营销行为规范》，第二十条中特别提到："主播应当了解与网络直播营销相关的基本知识，掌握一定的专业技能"，对直播从业人员整体水平的提高提出了要求。

（一）基本的政治素质

虽然隔着屏幕，但主播仍然面对的是公共场合，任何不当言行都会被放大解读，因此，主播的言谈举止要符合社会主义核心价值观，从国家层面、社会层面、个人层面要求自己，成为时代精神的传播者。

（二）扎实的语言能力

主播借助语言工具与观众进行交流，语言的使用与表达能力直接关系到直播的效果。在直播中，主播要能清晰描述所售产品的特点，普及使用知识及注意事项，让观众获得感同身受的体验。

（三）必备的文化素养

文化素养是塑造个人形象的基础，古人云"腹有诗书气自华"，主播作为公众人物，具备一定的文化素养有利于塑造个人的独特形象，为产品的售出增加隐形的推动力。

（四）掌握的营销策略

与传统主持人相比，带货主播需要精通销售知识，尤其是销售中的沟通技巧，如弱化商业行为、进行换位思考、拉近亲密关系、提供使用指导、给予最大优惠、良好售后保障等，灵活机动，与观众建立起亲密的互动关系。

（五）凸显亲和力

亲和力源于人对人的认同和尊重，很多时候，亲和力所表达的不是人与人之间物理距离的远近，而是心灵上的通达与投合，是影响力的前提。主播的亲和力是个人魅力的一部分，影响着观众的选择。

 情境训练

初春新叶红嫩，入夏花红似火，仲秋硕果累累，深冬铁干虬枝，四季皆美，说的正是石榴。西安人喜爱石榴，广种石榴，与石榴有着 2000 多年的不解情缘。

石榴通过古丝绸之路来到长安，见证了古丝绸之路文明。据西晋张华《博物志》："汉张骞出使西域，得涂林安石国榴种以归，故名安石榴。"安石榴即石榴，是来自域外的一种花木果树。它汉代时传入中国，植于临潼。

石榴这位丝路"使者"，不仅见证了古代贸易往来之繁盛，更让这片烈焰红色尽染古都长安，让团结美满、开放包容、兴旺发达的美好寓意代代相传。

临潼石榴品质集全国石榴之优，素以色泽艳丽、果大皮薄、口味饱满、酸甜适口、籽肥渣少等特点而著称。据临潼区园艺站站长张迎军介绍，石榴果实富含大量的石榴多酚和花青素，具有抗衰老、美容养颜之功效。临潼石榴 2006 年获得中国地理标志保护产品认证，2017 年取得农产品地理标志登记保护，并多次在国际国内获奖。[①]

问 题

学校的扶贫办公室对口扶贫地为临潼某镇，该镇的石榴品质很好，但销路不畅。扶贫办公室准备在抖音、快手等平台上进行一场直播助农活动。作为入党积极分子，你被选中为直播带货人，在直播间为农产品带货。

请结合本节内容，准备一下你的直播文稿，要求表现出专业性与现场感染力。

项目五

任务三　　　　　　　　　　引导互动，把握节奏
5-3

案例导入

格力总裁董明珠，被喜爱她的网友亲切称为"董小姐"。

2020 年 4 月 24 日，董小姐在抖音完成了直播首秀。

与直接上来就卖货的主播不同，董小姐先是花 1 小时带 430 万名观众参观了格力总部，介绍了空调、冰箱、冠状病毒净化器、口罩等产品线，之后又跟新华社旗下"快看财经"做了场半小时的专访，结束了自己的直播首秀。

---

① 《临潼石榴：丝路御果　香溢长安》，陕西日报新媒体发展有限责任公司官方澎湃号，2020-10-28，本处有所删减。

有网友表示，除了网络卡顿的 bug 外，董小姐似乎不太了解直播，全程缺少与网友的互动。直播结束后，当天的带货交易额为 22.53 万元。一些媒体事后大肆报道："以为钱很好赚，是董明珠的幻想。"

　　但董明珠的直播失败了吗？新浪财经独家揭秘了董明珠直播的内涵。

　　首先，董明珠做直播的时候，给参与者发一个专属的二维码，用户通过扫码进入直播间。

　　其次，系统通过二维码识别用户是哪个经销商所带来的流量。这样一旦用户产生购买，格力就给相应的经销商分钱。经销商的价值是引流，而直播间的价值是转化。转化成功之后，给经销商分钱。从经销商引流，到直播间转化，这其中还有很多促进转化的小活动，如膨胀金、安装服务费等。所以，董明珠的直播带货，本质上是直播分销的逻辑。

　　新浪财经评论道，市场上大部分直播带货，都是靠主播一个人完成引流和转化。而格力的直播带货，是带领全国的经销商来完成引流和转化。这是一个人，和一个军队的区别。

　　自始至终，董明珠都是这种销售大战的主宰者。

　　并且，董明珠的首秀不仅仅是卖货，她对网友展示了格力的办公区域，介绍了格力的产品和技术优势，让人看到了一个企业的内部管理和形象。这是多好的广告。

　　首秀惨淡又如何，从 4 月 24 日到 6 月 1 日，董明珠一共做了四场直播，销售额分别是：22.5 万、3.1 亿、7 亿、65.4 亿。[①]

　　你还能说董小姐不懂直播吗？

课堂讨论

1. 你有没有看过董明珠的直播？评价一下其直播特点。
2. 你认同新浪财经作者的观点吗？谈谈自己的理解。

---

　　① 刘润：《独家揭秘董明珠直播：可能只有董明珠，找到了直播带货的本质》，新浪财经，2020-06-05。

主播的控场能力

网络直播中需要主播引导互动，把握节奏，以此来抓住观众眼球，吸引观众视线，这需要主播具备较强的控场能力。

控场能力是指主播作为整个直播活动现场的核心，需要具备对现场活动的节奏、时间的掌握、流程的推动、气氛的烘托、突发事件的应对等能力，带货主播尤其需要。

一、背景：直播乱象

"On the internet, nobody knows you're a dog"，在互联网上，没有人知道你是一条狗，这是互联网刚兴起时最流行的用语。如今变为：在直播的屏幕上，你无法判断会不会遇到一条狗。

人心是世界上最难捉摸的东西，每个人都有自己的阴暗面，但隔了网线和屏幕，这种阴暗面会被无限放大，甚至挑战理性与道德。

于是，在直播中，你会看到各种各样的互动语言，除了讨价还价的，还有赞美的、批评的、嘲讽的、侮辱的，甚至攻击性的语言，五花八门，令人应接不暇。

> 2020年6月28日，在人民日报新媒体中心联合人民文学出版社和蜻蜓FM发起的"名人读名著"直播季中，邀请8位名人为毕业学子分享名著，附带售卖名著。但某名人刚刚开播，网友就在屏幕上发出了"垃圾东西""滚"等侮辱性词语，对直播造成严重干扰，该名人无奈中途关闭直播。

在直播带货中，恶评不可避免，如果主播不能有效控制场面，可能会引发与观众的冲突，失去直播的意义。

二、表现：主持控场

在传统媒体，主持人如果不具备控场能力，绝对不算是一个好主持人。直播间是主播的舞台，主播也要发挥主持人的作用。

> 某期，在 ×× 主播的直播间，一个当红明星应邀出席。
>
> 寒暄介绍之后，售卖环节开始，主播拿起明星代言的化妆品，问其评价。
>
> 明星说："好。"

项目五

主播无语，追问："使用中有什么感受？"明星说："好用、好闻。"

主播本来想让明星讲解下自己代言的产品，没想到明星惜字如金，主播只能拿起化妆品自己讲解。

因为丰富的从业经历，该主播在面对要冷场的局面后，反应迅速，立刻自己接手了讲解任务，使整个直播顺利进行，但不是每个主播都能做到这样。

众所周知，直播带货的镜头固定设置在其中一个方向，无法多镜头切换，这导致观众目光所触的是同一背景和人物，很容易产生视觉疲劳。因此，主播必须通过一定的肢体和语言，将观众的关注点凝聚到自己身上，确保自己是直播间的中心，用隐形的力量牵制观众。

主播的现场控场能力体现在多个方面，如照顾观众的喜好，读懂观众的语言内容，想方设法调动屏幕外观众的情绪；同时把控好直播的环节，及时进行商品的推荐，清晰描述购买方式，运用饥饿营销等方式让观众赶紧下单等。

控场是主持的艺术，主播是直播间的主持人，具备控场能力是成功开播的条件之一，对调动观众兴趣，促进成交起到积极的作用。

三、方式：把握节奏

直播间氛围的好坏直接影响观众的观看情绪，也会影响主播的推荐效果，所以，为了留住观众，主播必须学会控场。

某主播在卖货时，屏幕纷纷弹出网友质疑，如"小龙虾迟迟不发货""收到过期商品""520玫瑰质量太差，坑人没商量""兰蔻口红是假货"等。该主播没有忽视相关意见，而是在介绍产品间隙一一解答网友的质疑，表示事后会问责商家，并给出明确的处理办法。这种做法，把层出不穷的"直播事故"变成一次次售后保障的宣传案例，被戏称为"翻车越狠，人设越稳"。

（一）气氛的调动

直播带货时间少则三四十分钟，多则三四个小时，观看者随时会厌倦关闭直播。因此，主播在直播过程中，对气氛的调动非常重要。气氛的调动可以根据所售商品的特点，通过环节的设置、话术的设置等，使整个直播间热情洋溢，吸引观看者的兴趣，从而使他们长时间停留直播间，留足购买时间，实现带货目的。

（二）突发事件的处理

直播过程中会发生各种意外，一种是技术故障，如网络的卡顿；一种是内容故障，如主播的口误、上架商品的货不对口、链接没能及时跟上；还有一种是互动中的评论，如涉及人身攻击和人生侮辱的弹幕，这些行为常常被称为"翻车"事件。而对付"翻车"事件，最好的办法就是提前预防与演练、备好应急方案、事后及时复盘。通过不断积累经验，顺利完成每一场直播。

（三）如何促进成交

卖货是主播的核心任务。从开场到结束，主播不管是对产品的介绍，还是对优惠力度的展示，以及对饥饿营销手段的熟练应用，最终都是以促进成交为目的。故此，整场活动中要时时牢记销售任务，谙熟网络营销词语，在调动兴趣、诱单、催单、感谢、预告等方面做足功夫，吸引观众不停剁手，完成卖货任务。

总之，直播带货的兴起，带动了消费，提振了市场。在丰富人们生活的同时，又传递了独特的时代特色。而其所体现的商业价值和买卖中的重要因素，值得人们认真对待和反思。

 **情境训练**

你在学校助农活动的直播中小试牛刀，已取得不错的成绩。某日，你照例进入直播间开启了直播之路，结果屏幕上有两位观众不停吐槽产品，甚至上升到人身攻击，他们不停刷屏、口吐恶言的行为，不仅影响到你的心情，而且影响到你与其他观众的互动。

 **问 题**

直播中遇到这种情况，你应该怎么做？

 **思政在线**

新东方是全国知名的教育机构。

2021年7月，中共中央办公厅、国务院办公厅联合印发《关于进一步减轻义务教育阶段学生作业负担和校外培训负担的意见》。

9月13日，新东方宣布全面关闭K12业务（从学前教育至高中教育）。

10月12日—11月15日，新东方集团发布各培训学校业务部门组织结构调整的通知。

之后，新东方退还学员学费、大规模关闭校区、偿还房租违约金、付清供应商款项、结清员工工资，将关闭校区的桌椅捐赠给农村地区的学校，有条不紊地处理善后事宜。

11 月中旬，俞敏洪在社交媒体透露，新东方会成立一个大型的农业平台，将会和几百位老师通过直播带货帮助农产品销售，支持乡村振兴事业。

12 月 7 日，新东方控股的东方甄选（北京）科技有限公司注册成立。

12 月 28 日晚 8 点，俞敏洪在抖音直播间正式开始他的农产品带货首秀。

俞老师的风格如下：

（1）

"大家做好心理准备，其中有一种面粉超级贵，把我也吓了一跳。"

"看到价格，我宁可饿死也不吃了。"

这个面粉为什么这么贵？俞老师熟练地掏出事先准备好的地图，开始认真解释藜麦的产地在哪里，种植藜麦的裕固族特点，裕固族种植藜麦的历史等。

"大家可以看下这张图，图中这里是酒泉，这里是张掖，这里是武威，这是河西走廊的四郡，这是汉武帝时期就设置的。这里是白雪皑皑的祁连山脉，这里是一个巨大的草原地带，这里是河西走廊，种植藜麦的裕固族就在这里……"

（2）

"这个车厘子也太贵了，就不要拿出去吃了，每天自己偷偷吃两颗就行，太贵了。"

"宝宝们，来，我们划重点了！"

"3J 车厘子的 J，其实是英语 Jumbo，巨大的、特大的意思。"

（3）

"现在在国外，木耳直接说 wood ear 或者 tree ear 都是可以的。"

"orange，咱是英语老师，要说标准。"

"明白了吗？能理解吗？"

在直播间，两位主播中总有一位会随着产品的介绍内容，举起写着"划重点""链接已上，抓紧下单"等字样的标牌。

俞敏洪在直播间一边卖货，一边普及地理、人文、英语知识，偶尔还输出几个段子，被网友评论为"俞老师的一场农产品直播带货，变成了农产品在线英语小课堂，or 东方在线地理线上补习班"。

当晚成交金额为 500 万，新东方算是跨界成功。

俞敏洪希望这次跨界，给新东方带来脱胎换骨的机会，也让更多的农民有所收益，助力共同富裕。①

①《俞敏洪直播卖农产品，风格仍像上课》，证券时报网，2021-12-28。

讨 论

1.你怎么看待新东方转型的行为？

2.谈谈你对提高农民收入、迈向共同富裕的理解。

 **知识图谱**

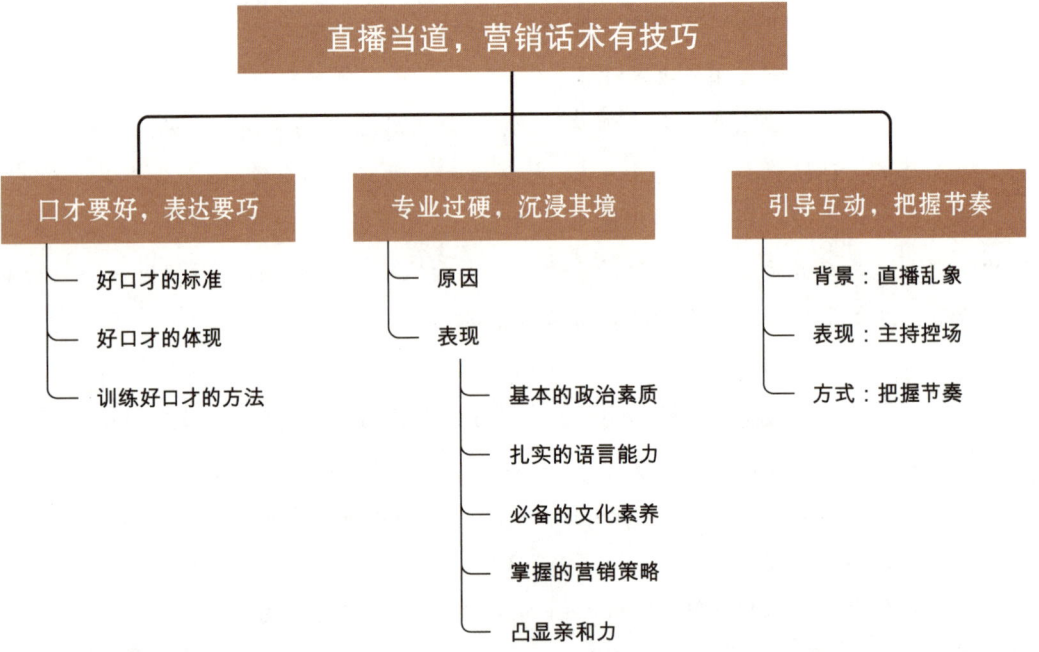

项目五

 **课后作业**

学校的助农直播上了新产品，除了临潼石榴外，还增加了洛川苹果、宜君核桃、富平柿饼、清涧大枣、陕北滩枣、蒲城酥梨。

任 务

请你设计一下今天直播的话语路线，并进行现场演练。

下编

文体写作

项目六

学业成长，写作能力须具备

学习目标

1. 熟悉议论文的类型与写作方法
2. 掌握毕业论文的写作规范与方法
3. 了解申论写作的特点与方法

6-1

任务一 ▶ 写好议论文，提高你的说服力

案例导入

《史记·李斯列传》记载："韩人郑国来间秦，以作注溉渠，已而觉。秦宗室大臣皆言亲王曰：'诸侯人来事秦者，大抵为其主游间于秦耳，请一切逐客。'李斯议亦在逐中。"

公元前 237 年，韩人郑国企图通过为秦国修建水利来消耗秦的国力，以便阻止秦人攻韩。事发后，秦宗室贵族以及大臣均向秦王进言，认为来秦的客卿大多都是为了损害秦国的利益，要求全部加以驱逐。于是，秦王便下了逐客令，李斯也在被逐之列。

李斯在临行前上书并劝说秦王不要逐客，写下了名贯古今的《谏逐客书》，秦王在阅读奏书后，立即收回成命，并恢复了李斯的官职。

以下为《谏逐客书》全文：

臣闻吏议逐客，窃以为过矣。

昔缪公求士，西取由余于戎，东得百里奚于宛，迎蹇叔于宋，来丕豹、公

孙支于晋。此五子者，不产于秦，而缪公用之，并国二十，遂霸西戎。孝公用商鞅之法，移风易俗，民以殷盛，国以富强，百姓乐用，诸侯亲服，获楚、魏之师，举地千里，至今治强。惠王用张仪之计，拔三川之地，西并巴、蜀，北收上郡，南取汉中，包九夷，制鄢、郢，东据成皋之险，割膏腴之壤，遂散六国之从，使之西面事秦，功施到今。昭王得范雎，废穰侯，逐华阳，强公室，杜私门，蚕食诸侯，使秦成帝业。此四君者，皆以客之功。由此观之，客何负于秦哉！向使四君却客而不内，疏士而不用，是使国无富利之实而秦无强大之名也。

今陛下致昆山之玉，有随、和之宝，垂明月之珠，服太阿之剑，乘纤离之马，建翠凤之旗，树灵鼍之鼓。此数宝者，秦不生一焉，而陛下说之，何也？必秦国之所生然后可，则是夜光之璧不饰朝廷，犀象之器不为玩好，郑、卫之女不充后宫，而骏良駃騠不实外厩，江南金锡不为用，西蜀丹青不为采。所以饰后宫，充下陈，娱心意，说耳目者，必出于秦然后可，则是宛珠之簪、傅玑之珥、阿缟之衣、锦绣之饰不进于前，而随俗雅化佳冶窈窕赵女不立于侧也。夫击瓮叩缶，弹筝搏髀，而歌呼呜呜快耳目者，真秦之声也；《郑》《卫》《桑间》《昭》《虞》《武》《象》者，异国之乐也。今弃击瓮叩缶而就《郑》《卫》，退弹筝而取《昭》《虞》，若是者何也？快意当前，适观而已矣。今取人则不然，不问可否，不论曲直，非秦者去，为客者逐。然则是所重者在乎色、乐、珠玉，而所轻者在乎人民也。此非所以跨海内、制诸侯之术也。

臣闻地广者粟多，国大者人众，兵强则士勇。是以泰山不让土壤，故能成其大；河海不择细流，故能就其深；王者不却众庶，故能明其德。是以地无四方，民无异国，四时充美，鬼神降福，此五帝三王之所以无敌也。今乃弃黔首以资敌国，却宾客以业诸侯，使天下之士退而不敢西向，裹足不入秦，此所谓"藉寇兵而赍盗粮"者也。

夫物不产于秦，可宝者多；士不产于秦，而愿忠者众。今逐客以资敌国，损民以益仇，内自虚而外树怨于诸侯，求国无危，不可得也。①

课堂讨论

1.请分析《谏逐客书》的论说艺术。

① 〔汉〕司马迁：《史记》，岳麓书社，2001年版，第511~512页。

2. 分析李斯说服秦王的方法是什么？

议论文的写作

以上案例中，李斯以其强大的说服能力使得秦王收回逐客令，为自己赢得了在事业上大展拳脚的机会。《谏逐客书》自被选入《昭明文选》以后，一直是我国古代的散文名篇。

在日常沟通中，我们经常需要说服别人接受自己的想法和观点，这就需要我们具备一定的说服能力，体现在文体上就是议论文。议论文作为一种最常用的文体，通常也被称为说理文，是以议论为主要表达方式，通过摆事实、讲道理，直接表达观点和主张的一种文体。

一、议论文的写作类型

按照论证方式的不同，可以把议论文分为立论文和驳论文两种基本的写作类型。

（一）立论文

立论文，就是立足观点，通过摆事实、讲道理的方式，表达自己的观点和主张。比如，在《谏逐客书》中，李斯就是立足秦王"逐客是错误的"这一核心观点，"结合秦国实际，站在统一大业的高度"，通过正反论证的方式，"力辩逐客之失当"[1]。

立论文在写作上需要注意以下几点：

一是观点要明确。论证的一方要始终围绕核心观点，展开论证，也就是要有论点。

二是论据要充分。论证的过程就是说服人的依据，所以切勿使用空洞的大话、套话，而是要紧紧围绕核心论点，通过充足的事例展开论述。

三是论证有逻辑。论证的目的，就是为了让对方接受自己的观点。所以，有条理、合逻辑，成为论说成功的保障。

（二）驳论文

驳论文，是针对某个已有的观点进行辩论的一种议论文。这类文章，往往会在反驳某一观点的同时陈述自己的观点。

---

[1] 赵惠霞：《大学语文》（第五版），陕西人民教育出版社，2013年版，第59页。

虽然同为议论文，但是在写作上，驳论文和立论文不同：

首先，驳论文要明确地指出对方观点的错误所在。

其次，要有理有据地驳斥对方的错误观点。

最后，要明确地提出自己的观点，同时加以论证。观点可以是在驳斥对方错误观点的同时提出，也可以在驳斥对方错误观点后提出。

二、议论文的写作特点

不管是立论文，还是驳论文，在写作过程，都凸显出以下特点。

（一）目的性强

议论文有其实际的目的，就是要说服对方接受自己的观点，如李斯《谏逐客书》上奏之后，秦王立即废除"逐客"之令；韩愈《师说》成书后，青年学生不在"耻于从师"，而是"从师而学"。可见，判断一篇议论文的写作是否成功，可以通过其目的或效果来衡量。如果一篇议论文不能达到其目的，或者实现的效果不明显，那么，就不能称得上是一篇成功的议论文。

（二）结构鲜明

一般而言，议论文在结构上包括论点、论据和论证三个要素。这也是议论文在形式上区别于其他文体的重要标志。

以欧阳修《纵囚论》为例，文章开门见山提出论点"信义行于君子，而刑戮施于小人"，之后从唐太宗释放死囚的事例着手，把君子与小人相比较，指出唐太宗的做法有悖人情，违反法度，只不过是借此获取名誉的一种手段。通过对以上论据的分析，最后得出结论："三王之治，必本于人情，不立异以为高，不逆情以干誉。"全文提出问题、分析问题、解决问题，鲜明地体现了议论文的结构特点。

（三）有针对性

议论文的针对性指的是要有明确的说服对象，这个对象有可能是某一个具体的人，也有可能是某一个群体。例如，针对大学生的某一现象进行议论的文章，就是面向大学生这个群体的。但是，要完成一篇高质量的议论文，不管是针对某一个具体的对象，还是某个群体，在立论或者驳论的过程中，都要在了解对象的基础上有针对性地进行论述。

三、议论文的写作方法

议论文的写作包括明确论点、拟定标题和安排结构三部分。

（一）明确论点

论点是议论文的灵魂所在，一篇议论文只能有一个中心论点，但同时可以有几个分论点。无论中心论点还是分论点，都必须是表达准确、高度概括且观点鲜明的见解或主张，或肯定，或否定，不能似是而非。

（二）拟定题目

标题是文章的"眼睛"，议论文更是如此。

一是直接用中心论点作为题目。中心论点是作者在议论文写作中需要明确表达的见解或主张，或肯定、或否定。因此，以中心论点为题目，必须是明确的，不能似是而非。如中学语文教材中的《俭以养德》一文，其中心论点就是节俭，"俭以养德"就是对这一中心论点的概括。再如罗素的《为快乐而工作》、池田大作的《权力的罪恶》、帕特里克·亨利的《不自由，毋宁死》等标题都是把中心论点作为题目。

二是用议论的话题为题目。所谓话题，指的是某个具体的事件、问题或现象等。为避免与记叙性的题目混淆，一般需要在议论的话题前加上"论""试论""小议"等标志性词语，从而突出议论文题目的特征，如培根的《论逆境》、叔本华的《论名声》、吴晗的《谈骨气》等都属于这一类型。

（三）结构安排

不同于其他文体，议论文具有论点、论据和论证三个要素，对议论文结构的安排，其实也是对议论文三要素的统筹和安排。

1. 论点

论点是议论文的灵魂所在，任何一篇议论文只能有一个中心论点，但同时可以有几个分论点。不管是中心论点，还是分论点，都必须观点鲜明、表达准确且高度概括。

常见的议论文往往在文章开头就点出中心论点。如雪莱的《论爱》，一开篇就讲道：

> 你垂询什么是爱吗？当我们在自身思想的幽谷中发现一片虚空，从而在天地万物中呼唤、寻求与身内之物的通感对应之时，受到我们所感、所惧、所企望的事物的那种情不自禁的、强有力的吸引，就是爱。

项目六

寥寥数语，就点出了它的中心论点。

议论文的中心论点除了在开篇位置，也可在文中或者文末。

2. 论据

论据就是议论过程中用来证明论点的材料，一般包括事实论据和理论论据两种。事实论据就是用事实来说话的论据，而理论论据则是靠引经据典取胜。

作为支撑论点的基础，论据必须围绕中心论点，与论点保持一致，这是基本要求。

事实论据还要确保准确，不虚假。论据作为支撑论点的材料，是要经得住反复推敲的。同时，还要让论据更加地充实、多样，这样的论据才会更有说服力。例如培根的《论逆境》，既有名言的引用："一帆风顺固然令人羡慕，但逆水行舟则更令人钦佩"，也有对古代诗人们的描写："当赫克里斯去解救盗火种给人类的英雄普罗米修斯的时候，他是坐着一个瓦罐漂渡重洋的"，都是紧扣逆境进行论述。

3. 论证

论证是议论文写作的重要一环，一般议论文论证的基本结构是：提出问题（引论）→分析问题（本论）→解决问题（结论）。

其中，提出问题指提出是什么，分析问题就是分析为什么，而解决问题则是回答怎么办。

总分总的结构是议论文最常见的论证结构，除此之外，常见的议论文的论证结构还包括：并列式结构、层进式结构和对照式结构。

综上，议论文的写作，近看离不开良好的说理能力，远看离不开良好的逻辑思维能力，本质上更需要认识问题的高度和分析问题的深度。写好议论文，对自己大有助益。

 情境训练

A 同学刚刚步入大学，发现大学生活真的是丰富多彩，但同时也遇到了一些难题。军训期间，几个男生来挑衅他们班的女生，A 同学为了保护班级同学与那些男生扭打在一起。学校认为，军训期间打群架性质极其恶劣，应该严肃处理，拟决定给 A 同学开除学籍处分。A 同学觉得自己打架是不对，但也是出于保护同学的目的，他认为开除学籍的处分太重了。于是，他去请教一位资深教授，教授建议他借鉴李斯的《谏逐客书》，写一篇文章，说服学校收回处分决定。

 问 题

请你替 A 同学拟写一篇议论文（800 字左右）。

6-2

任务二 写好毕业论文，提高学业含金量

案例导入

大四伊始，A 同学开始准备毕业论文了。指导老师询问了他的专业兴趣点，商定了一个选题方向，让他先查阅相关文献。

他搜集了一些文献，在阅读文献的过程中很茫然，找不到要研究的"问题"，可能是平时习惯于接受知识，缺少问题意识，没有发现值得研究的问题。

指导老师又教给他选题的方法。经过几轮指导，终于确定了论文选题和大纲。三个月后，他写好了初稿，发给指导老师，反馈回来，只见文档多处写道："文献综述不规范""逻辑层次不合理""观点缺乏材料支撑""论据不足"……看见这些评语，A 同学不禁感叹，写毕业论文怎么这么难！

课堂讨论

1. 大学生为什么要写毕业论文？
2. 怎么理解"文献综述不规范"等评语？

知识讲解

毕业论文的写作

每到毕业季，总有大学生为毕业论文抓耳挠腮。毕业论文是什么？为什么一定要写论文才能毕业？

一、毕业论文的写作目的

毕业论文是高等院校本科专业学生毕业前，根据所学专业的培养要求，综合运用自己所学专业的基础知识、基本理论和基本技能，阐述对某一问题的见解或表述研究结果

的学术性文章。[①]

毕业论文的写作目的主要体现在：

一是梳理和总结大学所学的专业知识。写作毕业论文时，我们会对大学期间所学的专业知识进行综合把握，也会发现和完善知识薄弱点，达到温故知新、融会贯通的效果。

二是培养学生解决实际问题的能力。写作毕业论文时，我们会综合运用所学的基础理论、专业知识、基本技能去解决某一具体问题，可以有效培养学生发现问题、分析问题、解决问题的能力。

三是有效提升写作能力。毕业论文的写作，可以提升学生搜集整理信息的能力，提升写作思维能力和语言表达能力。

四是为接下来的研究和工作做准备。毕业论文的写作标志着一个阶段即将结束，而新的阶段即将开启。无论新的阶段是继续学习深造，还是步入社会工作，毕业论文写作过程中所获得的知识与能力都将为其奠定坚实的基础。

二、毕业论文的写作规范

毕业论文作为大学生学位资格认证的重要依据，有严格的写作规范。正式的毕业论文格式应包括封面、扉页、题目、中文摘要、英文摘要和关键词、目录、正文、参考文献、附录、致谢、封底等。其写作规范如下：

（一）题目

题目一般是对毕业论文观点的高度概括，应语言简洁、观点明晰，一般不超过 25 字，如《论中国真人秀节目的现状与发展》。如有必要可采用正副标题的形式。

（二）摘要

摘要是对毕业论文内容的不加注释和评论的简短陈述，一般用 150~300 字将论文的研究对象、研究目的、研究方法、研究发现和最终结论，简明扼要地加以概括。摘要具有独立性和自明性，也就是说它拥有和论文同等量的主要信息，不用阅读论文全文就能了解必要信息。它不从属于论文，是与论文平行的，犹如长篇小说和故事梗概的关系。

（三）关键词

关键词应该是涵盖论文主要内容，是出现频率最高的，最核心的 3~5 个实词，通常

---

① 王用源：《写作与沟通：慕课版》，人民邮电出版社，2021 年版，第 479 页。

为名词、名词性词组、名词性短语。一般从论文题目、文中各级标题和正文中选取，以便文献标引或检索。关键词和摘要通常在论文写作完成后，依据论文内容撰写。

（四）文献综述

文献综述是指在全面掌握分析某一学术问题或者研究领域相关文献的基础上，对该学术问题或研究领域在一定时期内已有的研究成果、存在的问题进行分析、归纳、整理和评述而形成的文字。

文献综述写作时需注意：一是搜集文献应尽量全面；二是注意引用文献的代表性、可靠性和科学性；三是引用文献要忠实文献内容，不能篡改文献的内容；四是综述中要有自己的观点和见解；五是文献综述要条理清晰，文字准确简练。

（五）绪论

绪论是论文正文的第一部分，主要任务是提出问题，说明研究目的、研究意义、研究背景、国内外研究现状、理论基础、研究方法、创新之处等。

（六）本论

本论是论文正文的主体，主要任务是分析问题和解决问题。本论在调查和研究基础上，提出并阐明观点，要求理论分析深刻，逻辑论证周密。

本论至少有三章内容，注意每个章节标题的层级安排，至少要有章、节、目三级，以体现论文的层次性、结构的严谨性。本论各章内容之间必须具有逻辑性，可以是并列关系、因果关系或时间顺序关系。

（七）结论

结论是论文主体的最后一个部分，一般单独成章。主要任务是阐明论文的总体结论，一般应包括以下几个方面内容：①本文研究结果说明了什么问题；②对前人有关的看法做了哪些修正、补充、发展、证实或否定；③本文研究的不足之处或遗留未解决的问题，以及解决这些问题的可能的关键点和方向。

（八）参考文献

按文中出现的顺序列出直接引用的主要参考文献，应列出主要参考书和文献资料的名录、作者姓名、出版社或期刊名称、出版日期或期刊的卷数、期数、页码等。

参考文献直接反映出了毕业论文的取材来源，材料的广博程度和可靠程度，也是作者

项目六

对他人知识成果的承认和尊重，一份完整的参考文献应该向读者提供有价值的信息资料。

（九）附录

对于一些不宜放在正文中，但又有参考价值的内容（如公式的推导、编写的计算机程序、实验数据等），可以编入毕业论文的附录中。

（十）致谢

对给予指导或帮助完成毕业论文工作的组织及个人表示感谢。内容应简洁明了、实事求是。

毕业论文写作要严格遵守学术规范，要遵循独立性、原创性的原则，严禁抄袭、剽窃、伪造、篡改、不当引用等学术不端行为。

三、毕业论文的写作方法

一篇毕业论文写作流程如图 6-1 所示：

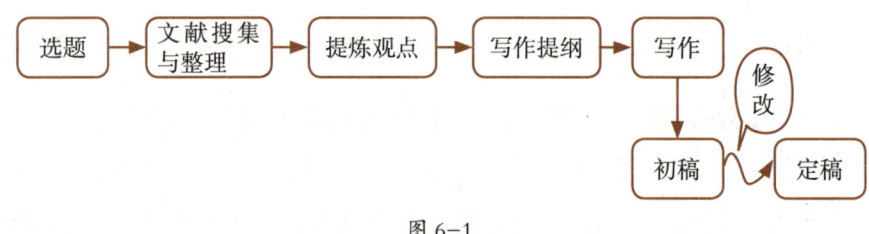

图 6-1

（一）选题

毕业论文写作的第一个环节是选题，这是至关重要的一环，可谓题好功过半。因此，选题往往比研究和写作本身更重要、更困难。那么，毕业论文选题哪里来？

一是"导师＋课题＋兴趣"，即来自导师的研究课题，结合你的兴趣选题。

二是"专业＋兴趣＋导师"，即在专业范围内找到你的兴趣点，在导师指导下确定选题。

（二）文献搜集与整理

第一，要重视资料搜集。资料一般分为直接材料和间接材料两种。前者是在现实生活中亲自观察体验所获得的材料，比如调查研究；后者是从已有的文字材料中转录的二手资料，如文献资料、数字资料和事实资料。论文要写得有理论深度，必须阅读大量基础书籍；论文要写得有新意，必须关注选题的最新动态发展，汲取新的资料。

第二，整理资料有方法。首先，重点阅读高水平报纸期刊或者权威学者的文章；其次，理清不同学者的不同研究方法和观点，而后确定自己的研究方向，选取有利于支撑自己观点的资料，舍弃与论题无关的资料；最后，有重点地精读保留的资料，并进行分类，安排好资料使用的先后顺序。

第三，形成文献综述。文献综述包括"综"和"述"两部分："综"是要求对文献资料进行综合分析、归纳整理，使材料更精练明确，更有逻辑层次。"述"是要求对综合整理后的文献进行专门的、全面的、深入的、系统的论述，要求写作者在对问题进行合情合理剖析的基础上，提出自己独特的见解。

文献综述写作时需注意：一是搜集文献应尽量全面；二是注意引用文献的代表性、可靠性和科学性；三是引用文献要忠实文献内容，不能篡改文献的内容；四是综述中要有自己的观点和见解；五是文献综述要条理清晰，文字通顺简练。

（三）提炼观点

在文献梳理的基础上，提出可以研究的问题，然后根据对相关选题的兴趣，以及选题的价值性、可操作性、创新性和文献资料是否充分来筛选论题。具体注意以下几点：

（1）自己感兴趣的论题才会产生研究的欲望和动力。

（2）切忌空泛的题目，要考虑这个题目是否具有实际应用价值，能否解决实际问题。

（3）切忌无法驾驭的题目，要充分估计自己的专业知识储备情况和能力，确保能够在半年内完成，以免影响正常毕业。

（4）要确定是否有新角度、新内容、新情况、新发现，做的是别人没有做过的研究论题，切忌没有问题的论题。

（5）最后要确定是否能找到足够的文献资料，如果相关文献数据寥寥无几，完全无法支撑后续的写作内容，那就应该赶紧修改题目另寻方向。

到此，我们的论文应该是有了一个科学合理的题目。

（四）写作提纲

在正式写作毕业论文前，有一个环节不能跳过，即写一份论文提纲。

拟定提纲就是写作前谋篇构思的过程，是将头脑中各种散乱的想法系统化的过程，也是再度论证论题的正确性、可行性的过程，是确保论文写作顺利的重要环节。

论文提纲主要包括两个部分：论文基本观点、论文结构。

论文提纲写作三个要点：一要明确论文各部分的基本观点，写清楚整个论文的基本观点都是什么；二要明确论文各部分应担负的任务，以便使论文形成一个统一的整体；三要保证论文主体至少有三个部分内容，即提出问题、分析问题、解决问题。

比如，论文题目是"珍珠奶茶，要不要喝"，论文提纲可这样来写：

一、新闻媒体的劝告与真实消费情况的矛盾

1. 新闻媒体针对珍珠奶茶不健康的报道。

2. 真实消费情况：珍珠奶茶大受欢迎。

二、珍珠奶茶的制作过程与魅力

（一）珍珠奶茶有正规的制作法

1. 使用的原料是茶、牛奶、糖、粉圆、水。

2. 制作的时候在泡茶、冲牛奶、煮粉圆的时间都有讲究。

（二）珍珠奶茶的魅力

1. 冰凉的奶茶让人暑气全消，加上一颗颗甜蜜有弹力的珍珠，让人产生满足感。

2. 一杯珍珠奶茶在手，仿佛拥有了一小段美好的休闲时刻。

三、珍珠奶茶受批评的原因

无良商人与原料供货商使珍珠奶茶成为众矢之的。[1]

经过反复推敲论证，拟定好提纲之后，就可以进行初稿的写作了。

（五）写作与修改

毕业论文的写作过程包括写作初稿到修改完善，直至定稿。

初稿写作，一般先斟酌题目，然后撰写正文部分，最后依据论文内容，撰写摘要和关键词、参考文献、附录等。初稿写作重点完成论文的主体部分，即在论文提纲的基础上填血肉，形成一篇完整的论文。然而，论文写作很少有一气呵成的。俗话说，一篇好文章，三分写，七分改。初稿大多只能算是粗糙的半成品，要想成为精品，必须进行反复修改。

毕业论文的修改一般先从大的方面着手，按照中心是否明确，框架是否合理，选材是否合适，条理是否清楚，以及字词句、标点和书写格式是否有问题，逐项修改。

也许是一次，也许是两次，也许是十次、二十次，甚至更多次。"文章千古事，得

---

[1] 林幼菁：《大学生学术论文写作入门》，商务印书馆，2020 年版，第 51 页。

失寸心知。"毕业论文的修改是一个反复的过程。但只有精益求精，才能使毕业前的最后一份作业不留遗憾。

最后温馨提示：

毕业论文作为获得学位的依据，要严格遵守学术规范，要遵循独立性、原创性的原则，严禁抄袭、剽窃、伪造、篡改、不当引用等学术不端行为。

撰写毕业论文的过程中，每一位学生都会遇到难题，会产生烦躁、挫败甚至想放弃的情绪。这时需要及时调整情绪，坚持就是胜利，为大学四年的学习交上满意的答卷！

　情境训练

B同学来自陕西某贫困县。为了让他上大学，他的父母四处举债，才筹够了他的学费。放假回家，看到家乡简陋的土路每逢大雨就泥泞难行，他心里感慨万千。他想写一篇关于中国农村贫穷现状的论文，让大家了解农村生活的困境。在查找资料的时候，他才发现并不是所有的中国农村都处于贫困之中。他读了许多关于中国农村的报道以及研究报告，认识到了导致农村贫困的客观因素和主观因素。他为这篇学术论文所做的研究，让他不再用悲伤的情绪看待自己的家乡，而是客观、理性地分析造成这种现状的原因，并且为家乡的进步指出了应该努力的方向。

　问　题

请你依据上述情境，拟写一份论文提纲，题目自拟。

项目六

 **任务三**

6-3

写好申论作文，迈出公职第一步

　　北宋大文豪苏轼在嘉祐二年（1057）参加科举考试。这一年的考试，仁宗亲自出了题目——《刑赏忠厚之至论》。苏轼的《刑赏忠厚之至论》六百余字，却深得主考官欧阳修的赏识。其文如下：

刑赏忠厚之至论

　　尧、舜、禹、汤、文、武、成、康之际，何其爱民之深，忧民之切，而待天下以君子长者之道也！有一善，从而赏之，又从而咏歌嗟叹之，所以乐其始而勉其终。有一不善，从而罚之，又从而哀矜惩创之，所以弃其旧而开其新。故其吁俞之声，欢忻惨戚，见于虞夏商周之书。成、康既没，穆王立而周道始衰，然犹命其臣吕侯，而告之以祥刑。其言忧而不伤，威而不怒，慈爱而能断，恻然有哀怜无辜之心，故孔子犹有取焉。

　　《传》曰："赏疑从与，所以广恩也。罚疑从去，所以慎刑也。"当尧之时，皋陶为士，将杀人。皋陶曰杀之三，尧曰宥之三。故天下畏皋陶执法之坚，而乐尧用刑之宽。

　　四岳曰："鲧可用。"尧曰："不可，鲧方命圮族。"既而曰："试之。"何尧之不听皋陶之杀人，而从四岳之鲧也？

　　然则圣人之意盖亦可见矣。

　　《书》曰："罪疑惟轻，功疑惟重。与其杀不辜，宁失不经。"

　　呜呼，尽之矣。可以赏，可以无赏，赏之过乎仁；可以罚，可以无罚，罚之过乎义。过乎仁，不失为君子；过乎义，则流而入于忍人。故仁可过也，义不可过也。

　　古者，赏不以爵禄，刑不以刀锯。赏之以爵禄，是赏之道行于爵禄之所加，而不行于爵禄之所不加也。刑之以刀锯，是刑之威施于刀锯之所及，而不施于刀锯之所不及也。先王知天下之善不胜赏，而爵禄不足以劝也；知天下之恶不胜刑，而刀锯不足以裁也。是故疑则举而归之于仁，以君子长者之道待天下，使天下相率而归于君子长者之道，故曰忠厚之至也。

《诗》曰："君子如祉，乱庶遄已。君子如怒，乱庶遄沮。"夫君子之已乱岂有他术哉？时其喜怒，而无失乎仁而已矣。《春秋》之义，立法贵严，而责人贵宽。因其褒贬之义以制赏罚，亦忠厚之至也。

1. 这篇文章有哪些特点？
2. 请你简要分析苏轼这篇文章的写作思路。

知识讲解

申论作文的写作

中国古代的科举考试，是读书人实现"治国，平天下"的政治理想的必经之路。而今，公务员考试是成为国家公职人员的第一步。公务员考试科目之一的"申论作文"即从科举考试中的"策论"演变而来。

演变至今，申论作文究竟是一种什么样的文体呢？

一、申论作文的含义及类型

"申论"一词取自于《论语》的"申而论之"。申，即说明、申述；论，即分析和说明事理；申论，即具有申述、申辩、论证、论述之意的文体。[①]申论作文属于材料作文类，要求结合材料写作，完成一篇字数在800~1200字之间的文章。

申论写作的文体要求一般为议论文，但根据材料性质和答题要求的不同，可细分为三类：

（一）政论文

政论文主要是阐释原因和意义，侧重于讲"是什么"。主要任务是讲清楚这个问题的表现、原因、危害以及影响等。政论文重点在于问题的切入点及论述的正确性与思想

---

① 汪莉：《论〈申论〉的写作特征》，载于《昆明大学学报》，2003年第2期。

深度。

（二）策论文

策论文主要是对策的提出与阐述，侧重于讲"怎么办"。主要任务是提出有针对性和可行性的措施及方案。策论文重点在于对策是否合理有效。

（三）评论文

评论文主要是对现象的评判，侧重于分析"为什么"。主要任务在于剖析现象或观点。评论文重点在于是否辩证、全面地把握事实。

二、申论作文的写作特点

申论作文的写作，既不同于古代的策论，也不同于今天一般议论文章的写作。那么，申论作文写作有哪些特点呢？

（一）文体的独特性

申论作文作为选拔录用国家公务员的应试文体，具有独特性。它不是单纯的写作，而是要求考生阅读分析数篇聚焦社会问题的现实材料，发现问题、分析问题、解决问题，并用简明准确的语言表述出来。

申论作文基于用人单位的实际需求，在文体上融合了阅读理解和写作，能够全面考查考生搜集、处理各类日常信息的能力和写作能力，较策论和议论文有更强的现实针对性。

（二）写作身份的规定性

在申论作文考试中，一般会要求考生以设定的"虚拟身份"回答问题、提出对策。比如，2020 年国家公务员申论考试大作文，要求以 S 省省委人才发展局的工作人员的身份，为 S 省省委人才发展局有关负责人撰写宣讲会上的推介讲话稿。

申论作文的写作与"虚拟身份"关系紧密，根据身份、地位的不同，提出问题的角度、表达问题的语气，乃至提出的对策都会大不相同。

（三）主题的指向性

申论写作材料看起来涉及面广、材料篇幅长、内容复杂，但所有材料共同指向某一方面的社会问题，而问题的解决是具有可行性的，这些可行的方法为申论作文的主题指明方向。比如，2020 年度国考申论试卷中的问题可通过改善人才引进政策来解决。如果脱离这一写作方向，就是不成功的申论作文写作。

（四）体式的非限定性

申论作文写作没有体式上的限定，只有内容、性质及写作主题方向的规定。通常命题中只提到"写一篇文章"，不会对写作体式做任何限定。不限定体式是出于考查公务员写作能力的目的，要根据实际的工作需要进行写作，不能为写作而写作。

（五）写作的程序性

申论作文写作具有程序性，即写作步骤有既定的次序，不交叉、不跳跃、不可逆。其写作程序为"阅读资料——概括要点——提出对策——进行论证"，这四个环节要依次进行，环环相扣，后一个问题的解决必须建立在前一个问题已解决的基础上。

三、申论作文的写作方法

申论作文虽然有多种类型，但无论是政论文、策论文还是评论文，其写作要求大都是观点明确、思路明晰以及流畅而规范的表达。如何写就这样一篇申论作文呢？

以 2019 年国考申论作文及其范文为例来分析申论作文的写法：

> "城市文明和乡村文明，人造文明和自然文明，都是应该而且可以互补的；理想的生活状态可能还是在城、乡之间自由游走。"请你结合对这句话的思考，自选角度，联系实际，自拟题目，写一篇文章。
>
> 参考范文：
>
> #### 城市和农村应互补发展
>
> 城市文明是理性化、统一化、标准化、技术化、规模化的洪流，集中了"人造"的力量。乡村文明则是感性的，是建立在独特地理山川、四季更替、历史传承上的多样化生活方式，氤氲着自然气息，人情温暖。城市和乡村，就如人的心灵和身体，是相互依存、功能互补的有机统一体。理想的城乡生活，应有城市的高效和忙碌，也要有乡村的自然和休憩。
>
> 然而现在经常出现一些错误城乡关系观。有些经济主义者以城市经济发展的高效去贬低乡村文明的种种价值。比如片面追求城市化，忽视乡村生态价值、旅游价值，无视百年传承的乡社祠堂文化、民俗文化等独特精神价值。也有一些文化主义者爱乡心切，反对城市文明，甚至呼吁恢复宗族家法、封建迷信等

项目六

乡村糟粕。我认为，城市、乡村文明都有其独特价值，应该坚持城市、农村协调统一，互补发展，宜城则城、宜乡则乡。

城市文明追求理性、统一、高效的技术文明，应该和乡村感性的、讲究多样化、个性化的自然文明互补。城市人口的集中化，在聚集力量的同时，也聚集了风险，有极大的脆弱性。除了会出现城市资源、环境、交通、公共空间等不堪重负外，饮食居住环境的一体化，使得疫病、自然灾害、战争等城市灾难一旦发生，就会造成致命破坏。古罗马庞贝城文明，古中国楼兰文明的一夜毁灭即是警钟。而乡村人口的分散，环境、饮食、文化等的多样性，则是可以分散城市风险。讲究人情伦理，手工细活的乡村生活形态也为城里人逃离同质之味的生活提供了更多选择。

城市经济和乡村生态、乡村精神文化可以互补。城市升级改造、新型城镇化建设、乡村建设战略等都为此提供了条件和契机。我们可以在城市升级改造和新型城市化建设中，引入城乡功能互补的观念，在城市发展高科技、高端制造等产业，在乡村发展现代农业、旅游文化、养老休闲等产业。在这种策略之下，发展城市综合体、特色的小城镇。城市追求效率，乡村休闲舒适；城市高楼林立，成熟发达；乡村工业落后，环境优美。这种天然的资源禀赋差异也为城乡的互补发展提供了良好契机。

最终要实现城市和乡村同步发展、城乡互通，让人在城、乡之间自由游走。重中之重是着力发展农村，推动乡村现代化，从而实现城乡全面现代化。一方面，城市要为农民进城畅通渠道，提供便利。要为农民进城就业创业提供便利，让户口、住房等公共服务也惠及进城农民。另一方面，推动城市人才和资源下乡，为市民到农村安居乐业，旅游休憩提供条件。这就需要大力加强乡村文明建设，着力实现乡村就地现代化。要尊重地方特色、保护生态环境，做好产业规划、让农村和城市同样便利且美丽。要以乡村建设战略为契机，大力推动美丽乡村建设，实现乡村基础设施、生态、经济、教育、文化的综合发展。尤其要特别重视乡村生态保护，以及精神文化和乡贤文明传承。

城市文明是国家力量的中心，乡村则是公民肉身和灵魂的休憩之所。在推动城乡一体化发展的进程中，在新时代乡村振兴战略的实践中，我们坚信走城乡文明和谐共生，协同发展的道路。[①]

---

① 资料来源于"公务员考试网的数据库"，编者根据需要进行了内容的摘录。

（一）标题

好的标题是文章的灵魂。几乎所有的申论作文都要求"自拟题目"，拟写题目时要遵循准确性、简洁性、新颖性的原则。

第一，准确性，即要求标题能紧扣资料所反映的问题，能击中要害地为建议对策而拟，并使其题文相符相照，如《城镇化发展应注重城乡一体化发展》。

第二，简洁性，即要求标题清晰、醒目、简练，一般不要超过15个字，如《城市和农村应互补发展》。

第三，新颖性，即要求标题独特、新颖。阅卷者对千篇一律、司空见惯的题目不感兴趣，而对新颖的、有独特创意的比较看重，如《坚持"两条腿"并行，实现城乡互补发展》《有了灯光，也要留住星光》。

申论作文题目的拟写时要注意忌过大、过平、过滥、过长以及过于隐晦。过大的如《论我国城乡发展的问题》；过平的如《城乡文明》；过滥的如《关于乡村发展的思考》；过长的如《城镇化发展的同时不能忽视乡村文明的发展》；过于隐晦无法联系主题的如《和谐》等。

（二）开头

好的开头是文章的亮点。申论作文阅卷时间有限，一个抓人眼球的开头会帮助我们获得更好的分数。开头的主要作用是引出中心论点，写作时应遵循语言精练、观点鲜明、形式新颖的原则。开头的写作方法可参考如下：

第一段：引材料＋点问题。这部分最好直接揭示文章主题，可概述申论材料的主要内容或反映的主要问题。

第二段：略分析＋摆观点。首先，分析总结非常重要，一定要对概述的材料做分析、评价，指出其中的问题实质、危害性、重要意义等。多数同学容易忽略这部分，说明对材料缺乏总结性认识。缺乏这部分容易产生扣题不紧、分析不够深入的问题。其次，摆观点，即亮明自己的观点，如"因此，我认为……至关重要"。

范文《城市和农村应互补发展》的开头：第一段概括材料主要内容，并提出"城市和乡村，就如人的心灵和身体，是相互依存、功能互补的有机统一体"，点出文章的核心问题。第二段借用材料中的错误观点，通过分析两种极端，来反证城乡文明要互补发展，之后明确总论点："我认为，城市、乡村文明都有其独特价值，应该坚持城市、农村协调统一，互补发展，宜城则城、宜乡则乡。"

另外，除阐述主题的方式外，还可以引用名人名言、政治理论、主题相关的案例、

时代背景等，通过用排比、对比等手法，引出总论点。

（三）主体

主体部分即展开论证，充分利用资料，全面阐明、论证自己对给定资料所反映的主要问题的基本看法，论证自己所提出的解决问题的方案。

具体论证时，既要针对给定资料的具体情况论述，又不要拘泥于原材料。要站在政策的高度，时代的高度，高屋建瓴，使文章具有普遍性、代表性和指导性意义。

范文《城市和农村应互补发展》在本论部分把"城市和农村应互补发展"这一中心论点放在社会现实中进行论证：城市因人口的集中化，不堪重负，极其脆弱……因此，城乡文明互补很重要。接下来，具体论证怎样推进城乡文明的互补：城市的技术文明和乡村的自然文明互补；城市经济和乡村生态、乡村精神文化可以互补；着力发展农村，推动乡村现代化，从而实现城乡全面现代化。

总体而言，申论作文的主体部分的写作思路为分析问题和解决问题。

（四）结尾

好的结尾彰显文章境界。议论文结尾能使文章结构严谨，彰显文章主旨。务必精心设计文章结尾，提升文章境界。

写作结尾时需要注意：一是在结构上紧扣核心论点，通过文意呼应、内容呼应、语言呼应，将首尾联系起来，形成一个闭环，结构完整；二是在形式上结尾应如豹尾，简短有力，显得笃定自信，范文结尾只有82字；三是在内容上结尾要起到总结提升的作用，可重申要点，可发出号召，可提出希望，可阐述启发，可预言未来……要透过现象揭示本质，语言尽量富有哲理，令人深思，增加文章魅力。

 情境训练

材料一：中共中央办公厅、国务院办公厅印发了《关于进一步减轻义务教育阶段学生作业负担和校外培训负担的意见》，一是要求减轻义务教育阶段学生作业负担。要求合理地调控以及设计作业结构，让孩子尽量在校内完成作业，不能再给家长布置作业，不能让孩子自己批改作业等。二是减轻校外培训负担。要求各机构不能占用法定节假日、休息日进行学科培训，同时要求学科类教育机构一律不得上市。

材料二：教育部推进"双减"的同时推动"双增"：首先是在减轻校内课业负担后，在课程安排和课后延时服务中增加学生参加户外活动、体育锻炼、艺术活动、劳动活动的时间和机会；其次是在校外培训机构认定中，将体育和美育培训列为非学科类培训，

项目六

学生接受体育和美育培训的时间将大大增加。

问　题

请结合给定材料，围绕"双减双增，促进教育五育融合"这一话题，联系实际，自拟题目，写一篇文章。

要求：

（1）观点明确，见解独到。

（2）参考"给定材料"，但不拘泥于"给定材料"。

（3）思路明晰，语言流畅。

（4）总字数 800~1000 字。

"提笔迷迷茫茫，落笔彷彷徨徨，绘笔杂杂乱乱，收笔凄凄惨惨。"这是一位申论成绩为 43.5 分的考生写的《申论败笔诗》，从反面折射出作者对写好申论作文的渴盼。

古人有言："工欲善其事，必先利其器。"要获得令人满意的考试成绩是有方法的。这方法有优劣之分，收效有大小之别。若从网上搜索申论写作学习方法，可谓五花八门。有的讲"多看文章，多写"，有的说多做模拟题，有的道"找几篇申论范文，《半月谈》去背背，把套路搞好就行"，更有一些社会辅导机构提出 6 个方法，有培训网站称 7 天轻松突破等。听起来让人振奋，然而常常效果不佳。

申论开考已经二十余年，从互联网上任意下载一道"国考"或"省考"试题，不难发现，考题内容都是政府部门和老百姓普遍关心的问题，有些内容涉及时事政治。如果平时养成了对热点、焦点问题的思考习惯，对分析材料、提出对策和论证行文会十分有利。倘若真正熟悉时事政治，对公务现象的认识就会上升到国家的层面，站得高，看得远，那么，论证问题的高度和深度也会有质的变化。

讨　论

1.如果要完成一篇高质量的申论，只学会写作套路就可以吗？

2.你认为写好一篇申论，需要的核心素养是什么？

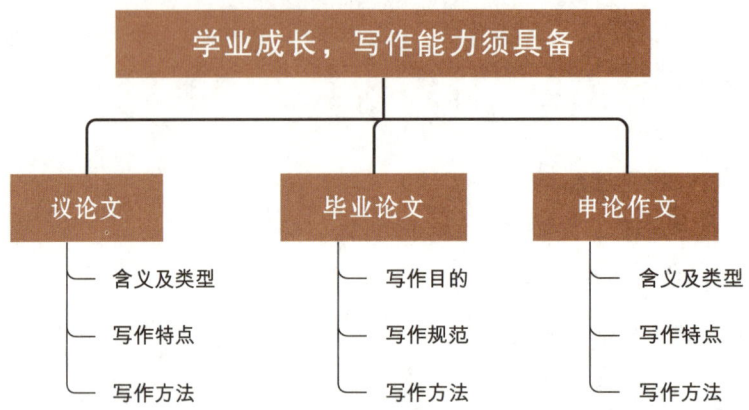

一、材料分析

又是一年毕业季，毕业论文成为毕业生的头等大事。杨柳是××学院××专业的大四学生，毕业前学校要求结合专业撰写毕业论文。

杨柳同学对××方面内容感兴趣，他决定搜集相关材料，写一篇关于××的毕业论文。但与指导老师沟通的过程并不愉快，沟通过程如下：

"老师，我对××感兴趣，决定选《×××××××》这个题目，您看怎么样？"

老师暴风骤雨般的批评紧随而至："不要偷懒，要好好读文献！"

杨柳觉得很委屈：老师觉得题目不好，他换不就成了！发什么脾气！

然后隔了些日子，他又发了这样一条信息：

"老师，我读了一些文献，决定换成《×××××××》这个题目，这回可以了吧？"

然而又一通批评来了："你选了题目，要自己验证啊！题目不是一拍脑门想出来的！"

几番沟通下来，杨柳的挫折感很强烈。而老师那边，也早已气得原地爆炸，把他放到了"不靠谱"类里面去了。

杨柳依旧觉得很委屈：怎么验证，他又没做过，他没有办法验证，不应该导师来验证题目嘛！

但在指导老师看来，导师是学生从论文选题到完成写作整个过程的建议者，学生是实践者，应该提出题目并验证题目。而不是学生提出题目，导师去查文献做可行性分析。

类似这样不顺畅的沟通，在指导老师和学生之间比比皆是。

如果你是杨柳，为了与指导老师更好地沟通，你会提前做好哪些准备？

二、写作训练

请你写一篇 1500 字左右的小论文，分析大学生是否应该在上学期间做兼职。题目自拟。

信息时代，媒体应用成日常

1. 掌握网络新闻稿的写作方法
2. 掌握短视频脚本的写作方法
3. 掌握新媒体软文的写作方法

任务一 ➤ 网络新闻稿，司空见惯

7-1

案例导入

  2021 年 12 月，"汉文帝霸陵"的相关新闻受到了国内外的广泛关注。国内各大媒体、公众号、自媒体、视频号等都相继报道了这一新闻。

  在新浪微博上，"汉文帝霸陵被发现"登上热搜，其中报道相关新闻的媒体共 417 家，共吸引了 4 亿人阅读，4 万人参与讨论。[①] 仅 12 月 14 日一天，共有 3541 条相关新闻发布，阅读量一度高达 3.89 亿，讨论达 3.3 万余条。同时，"汉文帝霸陵找到了""汉文帝陵发现神秘青铜齿轮""西安白鹿原江村大墓确定为汉文帝霸陵""4 个证据确认汉文帝陵位置""直播汉文帝霸陵考古现场"等相关热搜也都相继登上热搜榜，引发了一个个新闻热潮。

  借助牛媒数据网的统计，各大媒体在其官网上发布"汉文帝霸陵"的相关新闻报道共 762 篇，总阅读数 101.8 万，总评论数 1322 条。

[①] 新浪微博，2022 年 1 月 3 日统计。

抖音上，人民日报发表的相关视频获点赞 341 万次，评论 9.5 万条，转发 16.2 万次。

课堂讨论

1. 你习惯从哪些渠道了解类似的热点事件？
2. 你知道网络新闻与传统的报刊、电视、广播新闻的区别吗？

知识讲解

网络新闻稿的写作

互联网自 20 世纪 80 年代诞生起便以其"自由、平等、开放、共享"的特点，迅速在全球范围内普及开来。当下互联网已成为继报刊、广播、电视之后的"第四媒体"。中国于 1994 年接入互联网，截至 2021 年 6 月网民规模已达 10.11 亿，其中网络新闻用户人数达 7.60 亿，占网民整体的 75.2%。[①]

上述汉文帝霸陵的发现无疑是 2021 年考古界的热门事件。关于它的新闻在数量上、传播形式上，以及读者数量上都呈现出网络新闻的突出特点。那么，什么是网络新闻呢？

一、网络新闻的含义

有人将网络新闻定义为"通过互联网发布、传播的新闻"，或"通过网络媒体发布的新闻"等。这样的定义可以说只看到了网络新闻的皮相。

网络新闻及媒体的更新速度日新月异，网络新闻的形态早已突破了传统媒体的限制，在传播手段和形式上不断创新。因此，更为合适的定义是：网络新闻是有资质的网络媒体机构通过互联网中的网页、论坛或博客、微博等社会化媒体，运用文字、图片、音频、视频、Flash、电子杂志等多种手段所传播的报道和评论[②]。

也就是说，网络新闻绝不只是将新闻发布在网络媒体上，而是新闻资讯传播的全过程都发生了巨大的变化。

二、网络新闻的产生与发展

初代的网络新闻，主要是传统媒体将纸质版的内容发布到互联网上，内容与纸质版

---

① 中国互联网信息中心的第 48 次《中国互联网络发展状况统计报告》。
② 詹新惠：《网络新闻写作与编辑实务》，中国传媒大学出版社，2011 年版，第 126 页。

几乎完全一致。其发布时间相对固定，界面简单，并未充分发挥互联网快速、及时、海量、多媒体的特性。如《人民日报》网络版（人民网的前身），自 1997 年建设网站后，主要是对当天报纸内容的翻版。

随着互联网的迅速普及，转载传统媒体的资讯不再是网络新闻的唯一来源。大量的专门的网络媒体如雨后春笋般出现，多媒体记者、网站记者的稿件等原创内容日渐成为网络新闻的主要来源。同时，微博发帖、网友来稿、新闻跟帖、论坛帖子等用户创造内容（UGC）也成为网络新闻的新源泉。

现在，人工智能、大数据、5G 等新技术驱动媒体变革与创新持续深入，"媒体融合"已经上升为国家战略。网络媒体已经由 Web 1.0 时代发展至如今的 Web 3.0 时代，形成"三微一端"[①] 等多样化的传播渠道格局。网络新闻在传播主体、传播渠道和传播形式上更加多样化。

三、网络新闻的特点

网络新闻受到互联网超时空性、海量性、超媒体性、开放性、交互性等特点的影响，形成了与传统纸媒、广播和电视新闻截然不同的特点。

（一）数量巨大

相比于传统纸媒受限于版面，广播和电视受限于时间长度、频道资源，网络新闻的数量原则上不会受到版面、时长因素的限制。如今，在传播主体多元化的趋势下，网络新闻的数量更可谓车载斗量。如 2021 年 5 月，"双减"政策发布，各类媒体紧密跟进，网络上共发布相关新闻 2828703 篇，微信文章 31471 篇，视频 2500 余条。这样的报道规模对于任何传统媒体来说都是难以容纳的。

（二）内容丰富

传统新闻按照"信息→传播者→传播渠道→受众"的线性方向传播。传播者决定着信息的采集、汇总、过滤和流向。网络新闻的出现打破了传统媒体的中心地位，人人都可成为新闻的传播者，这大大丰富了网络新闻的内容和领域，日益呈现出多元化的趋势。打开 www.china.com.cn 这个网址，我们可以感受到"网上中国"名不虚传，政治、经济、文化等各个领域的新闻一览无余，应有尽有。

---

① 指微博、微信、微视频，客户端。

（三）传播面广

传统媒体在新闻传播中会受到各种物理因素和政策因素的影响，导致传播度有限。网络的出现使得信息传播突破了地域限制，改写了距离的意义。网络新闻的传播不会受时间、地点、频道、国界的影响。网络连接到哪里，网络新闻就能够传送到哪里。这为新闻信息赢得了更加广泛的受众，也使传播主体随时向全球发布新闻信息成为可能。

（四）时效性强

互联网借助光纤通信线路传输，其传输速度可达 30 万千米/秒，与光波相同。这为迅速传递信息提供了有力的技术保障，使得网络用户只要打开电脑或手机，就能接收到万里之外的最新资讯。随着 5G 技术的不断成熟和推广，未来的网络速度会更加快捷。网络新闻可以随到随发，无论是图文讯息，还是视频资讯，都能使用户在第一时间同步知晓。

（五）交互性强

网络新闻与传统新闻最大的不同就在于极强的交互性。在网络中，留言区、评论区、投票区、点赞、转载、"在看"等都成为网络新闻媒体、微博、论坛、博客、社区等常见的互动渠道，形成了传统媒体很难达到的高度互动特征。

（六）多媒体化

互联网就像各类媒介的大熔炉，它将文字、口语、音响、图表、图片、影像等各种传播形式汇于一体，形成了多媒体化的特点。2021 年，为庆祝中国共产党成立 100 周年，各大网络新闻媒体发挥优势，通过微视频、长图、海报、音频等形式，回顾党的历史，礼赞优秀党员，弘扬党的精神，探寻党的足迹，为迎接建党百年营造了良好的舆论氛围。

四、网络新闻稿的写作方法

网络新闻的生产一般需要经过采访、新闻稿写作、编辑、上传四个步骤。新闻稿的写作无疑是这一系列工作的核心任务。

网络新闻稿的写作既要遵循传统的新闻业务规律，又要适应并自觉利用好网络技术带来的新变化。写作中，一般按照这样的结构：标题→导语→正文→关键词→背景链接或延伸性阅读。①

---

① 网络新闻的种类较多，包括"一般新闻"如网站记者的原创消息、深度报道、网络调查，"特殊新闻"如滚动新闻、文字直播、实时报道、嘉宾访谈等。本节主要介绍一般新闻的写作方法。

项目七

（一）写标题

标题是"新闻的眼睛"。网络新闻标题的撰写要遵循概括性、简洁性、单标题和准确性的原则。也就是说，网络新闻标题的拟定最好用一句话概括出新闻文稿的内容，用最少的文字写成标题，不使用副标题，准确陈述事件因素。如新华网的新闻标题：

> 元旦假期全国预计发送旅客总量 8618.5 万人次
>
> 多省份选调生招录密集进行 "抢人大战"不断升温
>
> 普京与拜登通电话互发警告 但克宫对会谈整体"满意"
>
> RCEP 生效　对中国经济意味着啥
>
> 华坪女高学生跨年夜齐喊"张老师，新年快乐"

（二）写导语

网络新闻稿的导语，有时也称为"内容提要"或"核心提示"，除了概括主要内容、画龙点睛，还能使这条消息在网络搜索中脱颖而出。因此，导语的写作既要准确、简洁、有效地概括新闻内容，又要突出新闻事件最重要、最新鲜、最能吸引人的要素。导语写作中常用的是"5W"写作法，即在导语中介绍新闻事件发生的时间（when）、地点（where）、人物（who）、事件（what）和原因（why）。

写作新闻导语时需要注意：一要准确地概括新闻事实，避免使用夸张的手法吸引读者；二要使用易懂的句式和简洁的语言，避免使用繁复的句式或浮华的表述；三是如果导语和新闻主体不在一个页面上，那么必须在导语上设置链接，将读者引向报道详细内容。如图 7-1 中，导语被放置在新闻列表页面，介绍了事件发生的时间、地点、人物及主要内容。

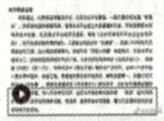

图 7-1 ①

---

① 新浪网，2022-1-7。

（三）写正文

正文是新闻稿的主干部分，有时也称新闻主体。常见的正文结构有：

"倒金字塔式"结构——按新闻事实重要程度行文，文章开篇叙述最重要内容，后面的段落叙述细节。

时序结构——按新闻事实发生的先后顺序行文。

逻辑结构——按新闻事实的内在逻辑关系行文。

其中，"倒金字塔式"结构特别适用于网络新闻。由于网络新闻读者习惯于"冲浪"式的快速阅读，如果文章前几段的信息显得没有价值，他们很可能会立即离开这个页面。如图7-2是一条题为《〈诗经地理〉出版：于人文山水中寻访古代中国》[①]的新闻，其正文部分即采用了"倒金字塔式"结构。

终南山究竟在哪儿？齐长城有着怎样的历史？地域文化如何在《诗经》中体现？生活·读书·新知三联书店日前推出《诗经地理》，这些疑问可以从书中找到答案。

《诗经地理》主要讲述与《诗经》相关的山、水、植物等方面的话题，将先秦时代的历史与文献记载相结合，从历史走进现实，从现实反观历史，为读者讲述千年以前的中国样貌。

日前在京举行的新书分享会上，专家表示，《诗经》作为中国第一部诗歌总集，反映了古代中国上至天文地理下至民间风俗等方方面面，各地域的诗歌呈现出不同风貌，让诗与人、人与地理、地理与诗之间产生千丝万缕的联系。该书聚焦"诗经地理"这一主题，通过文本比较、文献考究、实地调研、观察访问等，深入现实生活中去理解古人的精神世界。

图7-2

需要注意的是，网络新闻的正文（除深度报道外）的行文适宜短小平实，篇幅都不宜太长。如篇幅较长可采用小标题的方式将文章分割成几个小节。

（四）总结关键词

在新闻正文前或结尾处总结关键词，并插入链接，方便用户提炼新闻主要内容，也可方便用户检索到本新闻。

（五）附上背景链接或延伸性阅读

背景链接，是指与本新闻直接相关的图文、视频资料。

延伸性阅读在新闻报道之后提供"相关新闻"的链接。与背景链接不同，这些新闻

---

① 《〈诗经地理〉出版：于人文山水中寻访古代中国》，新华网，2022-01-04。

或文章不一定是关于原新闻的背景，也可以是与本新闻相类似的事件。在新闻的结尾提供背景链接或延伸性阅读，满足用户更多阅读需求的同时，也能为媒体收获更多的点击量。

随着互联网技术持续创新，新闻传播的方式也越来越多样化。尽管如此，新闻稿的核心仍离不开文字这一媒介。在自媒体的时代，个人、企业也可以是传播主体，学会网络新闻稿的基本写法，才能快速、准确向社会传递信息，实现宣传目的。

一个周日傍晚，夕阳余晖播洒在白鹿原上，通往白鹿原的神峪寺沟道路依然繁忙。穿过川流不息的车流，一位八旬老人骑电动车的身影出现。突然，在一处拐弯路段，电动车向路一侧冲去，连带着老人单薄的身躯摔倒在一旁。车辆和行人川流不息，却没人上前帮扶，老人显得特别无助。

某高校的两名学生，此时正匆忙赶往上雅思课的途中。她们看到这一幕，在犹豫片刻之后，扶起老人并将车子扶正，并用所学护理常识为老人仔细包扎，之后未留姓名便默默离开。

直到老人亲笔写的感谢信送到这所高校的一名工作人员手里，学校的教师和同学们才知道了这两名同学的善举。

假如你是这所高校新闻宣传中心的一名记者，请就此事写一篇新闻稿，并向网络媒体投稿。

7-2

任务二

短视频脚本，轻松上手

日出而作，日落而息；三月桃花开，采来桃花酿成酒；五月樱桃季，开始酿樱桃酒、煨樱桃酱、烘樱桃干；从手工造纸，养蚕缫丝，再到制作各种家居物……每期内容都以中国传统乡村生活及其独特的物产为中心，充满着浓郁的

烟火味道和恬静的田园气息。

这是 L 主播短视频里的田园诗话。

这位主播目前微博粉丝超 2717 万，抖音粉丝超 5492 万。2021 年 2 月 2 日，吉尼斯世界纪录发文宣布，L 主播以 1410 万的 YouTube 订阅量刷新了由其创下的 "YouTube 中文频道最多订阅量" 的吉尼斯世界纪录。她在海外社交媒体的影响力与美国影响力最大的媒体 CNN 不相上下。

网友评价称：L 主播的视频内容独具风格，让人耳目一新，满足了外国网友对中国的想象，堪称网络传播时代的中国 "田园诗"。

课堂讨论

1. 你有看过类似的短视频吗？点评一下这些视频的特点。
2. 你平均每天会花多少时间观看短视频？短视频最吸引你的原因有哪些？

知识讲解

短视频脚本创作

每一次技术的革新都会引发 "大洗牌式" 的行业更新。5G 时代，短视频已然成为移动互联网时代的 "现象级" 风口。现在，短视频已经成为互联网的基础应用，也贡献了移动互联网的主要时长和流量增量。截至 2021 年 6 月，我国短视频的用户规模达 8.88 亿，占网民总体的 87.8%。[1]

一、短视频是一种新的沟通方式

多短才叫短视频？

> 快手说："57 秒、竖屏，这是短视频行业的工业标准。"
>
> 今日头条说："4 分钟是短视频最主流的市场，也是最合适的播放时长。"
>
> 学者认为："时长在 5 分钟以内，让人在碎片时间用移动终端观看的短片视频是短视频。"[2]

---

[1] 中国互联网信息中心的第 48 次《中国互联网络发展状况统计报告》，2021-09-15。

[2] 郑昊、米鹿：《短视频：策划、制作与运营》，人民邮电出版社，2019 年版（微信读书版），第 25 页。

短视频是什么？是我们无聊时的消遣工具？

并非如此！短视频是 5G 时代一种新的沟通交流方式。人类的沟通媒介经历了从符号、语言、文字到图像、音频、视频的发展过程，到如今短视频成了炙手可热的沟通方式。

二、短视频的流行原因

"抖音五分钟，人间一小时"。短视频作为新兴的沟通交流方式，其强大的吸引力已经呈现出来。短视频为什么会流行？为什么我们会对短视频欲罢不能？这是值得思考的问题。

（一）符合现代人的信息接收习惯

短视频是一种融合了文字、语音和视频的传播形式。它可以同时满足多种感官的需求，更加直观、立体地满足用户表达和沟通的需求。短视频的长度在 15 秒 ~5 分钟，视频节奏快，内容紧凑，符合互联网用户碎片化阅读的习惯。

（二）题材多样，内容丰富

自 2016 年"短视频元年"至今，每天都有数量巨大、内容丰富的作品被制作和发布。现在，短视频的内容涉及领域和题材非常广泛，如技能分享、幽默娱乐、时尚潮流、社会热点、街头采访、公益教育、广告创意、商业定制[1]等。这些内容可以极大地满足受众生活、工作、娱乐等方面的需求。

（三）社交属性高，用户黏性强

短视频的传播渠道丰富，实现了人与人、熟人社区内的传播。在短视频平台上，用户可以随时观看、点评、点赞、分享视频，同时也可以非常容易地上传和分享自己制作的视频，这吸引了大量用户的参与。

（四）算法高超，精准推送

短视频平台根据大数据算法为每位用户定制了个性化的推荐内容，将相关内容精准地推送给每位用户。作为用户，你可以一直刷到自己感兴趣的视频，持续地接收刺激，最后欲罢不能。

---

① 秋叶：《短视频实战一本通：内容策划 拍摄 制作 营销运营 流量变现》，人民邮电出版社，2020 年版，第 20 页。

项目七

三、短视频脚本的写作方法

我们可以像众多短视频主播一样，借助短视频创业，或将其运用在日常学习、工作中，以把握时代的风口，提升个人价值。

要制作短视频，首先要有明确的定位，自己想做什么、能做什么？短视频的题材范围非常广泛，其风格类型也可以千人千面。因此，可以将自己的特长与网络用户的兴趣结合起来，打造自己的爆款视频。

一般来说，短视频的制作按照以下七个步骤来完成：

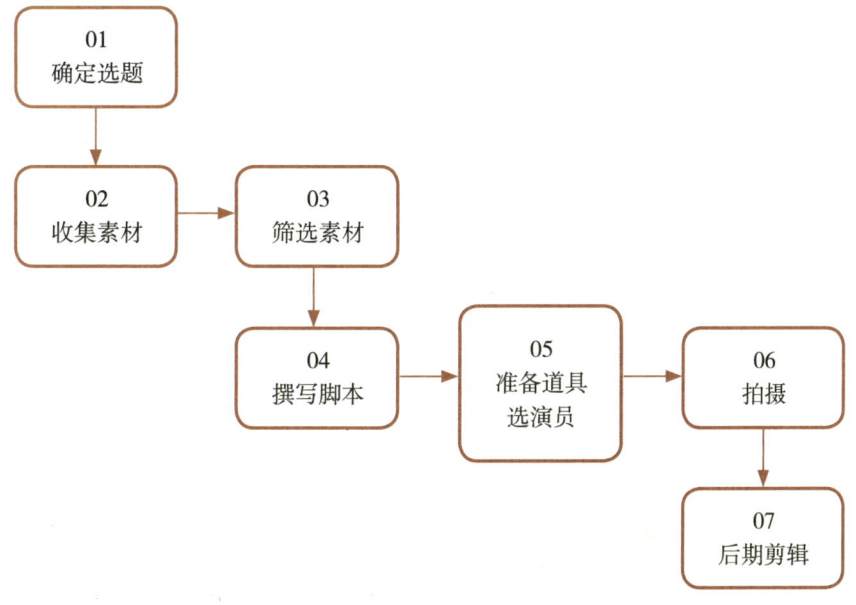

图 7-3

短视频脚本是制作过程中的"灵魂"！

短视频讲究"内容为王"，内容好，才能吸引网民的关注，与受众产生共鸣。脚本则是选题的落地，也是筛选出的素材的呈现方式，更是拍摄大纲和要点规划，用来指导整个短视频的拍摄方向和后期剪辑，在视频制作中起着至关重要的作用。

与传统影视剧和长视频不同，短视频在表达上会有许多限制，如时长、观看设备、受众心理等。所以，短视频脚本需要更加密集的视觉、听觉和情绪刺激，必须安排好内容与节奏，保证在 3~5 秒内抓住网民们的眼球。

常见的短视频脚本有三种类型：拍摄提纲、文学脚本和分镜头脚本。我们可以根据拍摄内容的不同选择合适的脚本类型。

项目七

第一种：拍摄提纲

拍摄提纲，是为短视频拍摄制定的框架性文字，是短视频拍摄要点的呈现，用于提示各种拍摄内容。拍摄提纲适用于不易把控的场景拍摄，其内容可包括选题、视角、体裁、风格、内容和细节等要素。

比如，我们要以"XX大学的日常"为主题拍摄一段短视频，便可提前写一个拍摄提纲，预设短视频内容。这个拍摄提纲可以这样写：首先列出拍摄提纲要考虑的内容，如选题、视角、体裁、风格、内容等，然后分别对相关内容作出描述。

《XX大学的日常》拍摄提纲

主题： XX大学丰富多彩的大学校园生活
视角： 高三毕业生，进入XX大学了解大学生活
体裁： 微纪录片
风格： 写实，轻快
内容： 场景一：大学生上课，教师讲课，学生听课、回答
　　　　问题，做笔记的样子
　　　　场景二：课外活动（运动、社团、娱乐等）
　　　　场景三：用餐
　　　　场景四：宿舍日常

细节： …………

第二种：文学脚本

文学脚本，是以文学的手法描述短视频的内容，如短视频主角需要做的事情与任务、台词等，用文字传达出所要呈现的视听效果。

文学脚本一般适用于情节较为简单的短视频，如教学、评测或营销类短视频。它能为导演、演员的任务提供思路，但对摄像和后期剪辑的参考价值较小。

"《沟通与写作》慕课宣传片" 文学脚本

1. 课程主讲教师介绍课程的内容、形式，以及学习者能获得的知识和能力。

2. 主讲教师介绍课程"口头沟通"部分的内容

3. "口头沟通"相关章节的主讲教师依次出场，依次说出各自主讲章节的名称。

4. 主讲教师出场，介绍"书面沟通"的内容。

5. "书面沟通"相关章节的主讲教师依次出场，依次说出各自主讲章节的名称。

6. 课程主讲教师出场，总结，提出愿景。

项目七

第三种：分镜头脚本

分镜头脚本，是一种最为详尽的脚本形式，它以镜头为单位，以文字的形式将不同镜头的各个要素描述出来，用于指导拍摄和剪辑。

表 7-1 是一个分镜头脚本的示例。

表 7-1 《考研，必胜！》视频脚本

序号	景别	画面内容	解说词	字幕	音乐	音效	时间
1	大远景	清晨的大学校园内，有三三两两的学生在读书	这天早上，太阳还没出来，校园里已经有很多学生在读书		舒缓	鸟叫声	2s
2	远景	喷泉旁，一个女生侧身对镜头	我又来到老地方背英语单词		舒缓	鸟叫声、读书声	2s
3	全景	女生正对镜头，把书卷成圆筒状握在手里，继续背书			音乐淡出	读书声	1s
4	中景	女生目视前方，目光坚定	今天，是我备战考研的第 108 天	考研，必胜！	振奋		3s
……							

分镜头脚本一般包括镜头序号、景别、画面内容、解说词、字幕、音乐、音效、时间等要素。撰写者需要对这些要素分别作出设计，详细列出拍摄和制作中需要完成的工作和达成的目标。

镜头序号，指短视频拍摄可以分割的画面次序，从 1 开始编号。

景别包括大远景、远景、全景、中景、特写 / 近景、大特写（图 7-4）。

| 大远景 | 远景 | 全景 |
| 中景 | 特写/近景 | 大特写 |

图 7-4 ①

---

① 西安飞蚁运营：《短视频脚本怎么写？我来告诉你！》。

项目七

画面内容，指视频画面上出现的内容、想要呈现的效果和场景。

解说词、字幕和常见的台词、对白，指借助语言、文字传达信息，可以对镜头的表达起到画龙点睛的作用。

音乐，指用来增强叙事效果和气氛的音乐。

音效，指用来创造画面真实感的音响效果，如现场的环境声、动物叫声等。

时间，指单个镜头的时长，一般为 1~3 秒，不超过 5 秒。

此外，有的脚本中还会加上摄法、备注等因素，进一步对制作内容提出明确要求。

短视频作为新型流量入口，已经成为展示个人才华与创意，传播和宣传的新阵地。学会短视频创作及脚本写作，让自己的传达更加高效！

小张是一名大一学生。这学期他所在的环保社团要求大家拍摄一段创意短视频来向全社会宣传环保理念，倡导社会公众积极参与环保行动。小张在网上查找了很多环保主题的短视频，发现这类短视频数量已经非常多，涉及的环保问题也很多，小张不知道应该拍些什么。

1. 请你以小张的身份想想怎样完成这个短视频拍摄？并写一个拍摄脚本。

2. 请按照你写的脚本录制短视频，然后上传到短视频平台。

任务三　　　　　　　　　　　　　**新媒体软文，人人能写**

7-3

艺术从不无聊，生活是灵感之钥

有朋友曾问过我：为什么在这个时代，我们活得如此相似？

我先是愣了一下，想要反驳，似乎又无从辩驳。

是啊，出去旅游，打卡的地方总是千篇一律的网红店；坐在咖啡厅，发现手里拿的是路人撞款的文创；打开手机刷社交网络，连一茬茬儿偶像都是重复的人设。

我们总是以为自己特别与众不同，仔细想想，却发现本质上与别人没什么不一样的。

但生活，仅仅就是这些毫无创意千人一面的重复吗？

有这样一群人，给出了完全不同的答案。

这些答案，是城市格子间里被禁锢的有关生活的想象，是键盘上无论如何也描绘不出的风景。

比如快手上的那些形形色色的创作者——做树雕创作的，绘制泼墨画的，跳舞的，弹唱的……既有职业艺术家，更有许许多多民间的艺术爱好者，有时他们凭借一部作品，在快手被世界看见。

所以你看，艺术其实从不无聊，生活正是灵感之钥。

就在今年6月，阿那亚戏剧节开幕前夕，英国涂鸦大师××也正式入驻快手，并开始了他在快手记录分享艺术创作之旅。

他的涂鸦手法，外界称之"意大利面条涂鸦"：不局限于纸张、桌椅、墙壁，生活中，任何画笔能触及的地方，他都能让艺术降临。

取之无尽、用之不竭的灵感源泉，也让他的艺术，充满生命力与想象力。

而这样一位活宝级艺术家，在这个夏天，把曾令整个世界为之疯狂的涂鸦，画到了中国的海边——

6月10日—20日，今年首届阿那亚戏剧节期间，"快手联名合作艺术家"Mr.××为快手打造的联名涂鸦帐篷，亮相在阿那亚黄金海岸。①

项目七

课堂讨论

1.你喜欢看软文吗？为什么？

2.分享一个你印象深刻的软文。

---

① 资料来源于意外艺术微信公众号的文章《艺术从不无聊，生活是灵感之钥》。

新媒体软文的写作

上述案例中，作者加入了一条很"软"的广告。文章用平易近人的语言指出现代人在生活中常有的困惑和焦虑，并探讨如何借助艺术重新发现生活的多姿多彩，由此引出某涂鸦艺术大师入驻快手，并推出联名款帐篷的广告。

绵里藏针，收而不露，新媒体软文常以它的"软"打动人心，诱人于无形。一个"软"字，是软文最精妙的地方。相比硬性广告，软文有时更能为企业带来意想不到的作用。

一、何谓软文

软文，一般是相对于硬性广告而言的，指企业为了提升形象、宣传品牌、危机公关或营销推广时，在报纸杂志、媒体网站、宣传物料等媒介上发布的软性广告类文章。

这类文章一般包括新闻报道、人物传记、科普知识、故事小说、产品测评、案例分析等多种类型。

硬性广告由于传递内容简单、渗透力弱、投放成本高、被信任度低的问题，有时不易达到企业想要的营销和推广效果。相比之下，软文的"软"就成了它的灵魂。但不同的软文却"软"得非常不一样。

有的软文是"曲径通幽式"。软文通常不直接提及产品及其功能特点，而是旁敲侧击、曲径通幽式地展示产品的特点。以此来规避硬性广告太硬的缺点。比如 H 在他导演的电影上映前，在微博上发布简短的文案："听过很多道理，却依然过不好这一生。"这样的文字简洁、易懂，引起了很多人的共鸣，于是大家纷纷点赞和转发，甚至将其用作自己的 QQ 签名。这为电影的宣传带来了很好的效果。

有的软文是"自然而然式"。软文常常从读者感兴趣的其他话题切入，在叙述中"自然而然"地引出所要营销的产品，使读者在不经意间了解产品。如软文《19 年的等待，一份让她泪流满面的礼物》[①]，讲述了一个妻子在 19 周年结婚纪念日当天，却因为所经营食堂的账目混乱、管理漏洞而愁眉不展。丈夫却毫不关心。当妻子终于忍不住伤心哭泣的时候，丈夫带着妻子走进食堂，原来那里已经多了一批某品牌的 IC 卡饭堂机。这原来是丈夫提前准备好的贴心礼物！

有的软文是"落落大方式"。现在，不少软文反其道而行，不会刻意回避广告的存

---

① 《19 年的等待，一份让她泪流满面的礼物》，百度文库，2017–12–14.

在，而是将软文广告的目的直接暴露在读者前。这样往往会给读者一种"耿直"的印象，更加容易获得信任。如 M 在其微信公众号中曾投放过一篇题为《告诉大家一个可怕的消息》的文章，很多读者看到这个标题，产生了强烈的好奇，点开文章链接后发现，文章第一句便是"这是一条广告"。

不同的软文以不同方式的"软"赢得了读者的喜爱，使大家不再对广告抱着避之不及的态度。

二、软文的类型

软文的形式常常不拘一格，难以全部论及，现介绍常见的五种软文。

（一）新闻式软文

新闻式软文是指借助新闻的形式和手法，达到宣传推广的商业目的。借助新闻事件进行软文写作，可以成功借势，引起读者的关注，打响知名度。如 2015 年动漫电影《西游记之大圣归来》上映时，有新闻以《〈大圣归来〉太火！曝郭××也到影院买票看了》为题进行报道。这一新闻充分抓住热点事件的时机，借助名人光环来实现宣传的目的，引起消费者的关注。

（二）故事式软文

故事式软文指借助故事的讲述吸引读者，最后达到宣传推广的目的。喜欢听故事是人的天性，一个好的故事不但可以吸引读者实现产品营销的目的，而且对于品牌形象的塑造非常有效。如网络上有这样一个故事，它故事情节简单甚至略显俗套，却靠着出其不意的故事转折吸引读者的兴趣，最终引出宣传"××蓝牙耳机"的商业目的。

> 　　差不多一年不见的死党同学博文，说要开车来广州找我玩（拿到驾照不到 3 个月）。我听了忍不住说：你这新手开车过来能行吗？你不知道广州人多车多吗？上下班时间马路上堵得就像一群蚂蚁搬家一样。
>
> 　　死党说："没事的。"
>
> 　　我只能担心地说："到了给电话……"
>
> 　　既然死党要过来了，就多约几个同学过来一起玩吧！
>
> 　　第二天，其他同学都到了。看了看表，感觉是时候差不多到了吧，打电话去没人接，几个同学每隔 10 分钟打一次都没接电话，我们只好无奈地等待着。
>
> 　　2 个小时后终于来电话说：到了，见面再说……

項目七

一见到面大家滔滔不绝地抱怨起来，不知道谁瞬间一句：你不会停车接电话吗？

"我倒想，就是没机会也找不到临时停车的地方。"

"你不接电话搞得我们担心死了。"（旁边一个暗恋博文叫惠化的女同学悄悄地拿出手机飞速按起来）"好了，安全到达就好，我们先去吃个饭……"

第二天，那个女同学很突然地拿出一个小小的东西给死党说：送你的×××车载蓝牙耳机，这个是专门为驾车人士设计的，启动车，自动开机充电连接，拿起接听，放下挂机无须按键，有专利认证，安全驾驶。你回去的时候，和我们保持通话，让我们更放心！

再后来没多久他们就在一起了，自此以后过上了幸福的生活。

（三）促销式软文

促销式软文其实是一种较为直白的推广方式，它是如今企业运用较多的一种软文营销方法。如下文，充分抓住了节假日的氛围和女性追求美丽的心态，让消费者不禁心动。

7天小长假，你可以在旅行的途中，也可以在变美的路上。

国庆放假，不要"痘"留！远离加"斑"！

没有高速堵车的烦躁，没有人群拥挤的慌张。只需小半天，还你倩丽容颜！

想要天使的脸蛋，渴望魔鬼的身材！国庆低价风暴，赶紧预订抢购！

不想"十一"聚会时自惭形秽，得有美容保养的先见之明！

同学聚会都是老样子，不要只有你是样子老！

"十一"嫩肤周，超值抢购！！！

（四）悬念式软文

悬念式软文是指通过设置悬念的方式吸引读者的关注，然后在解答的同时推出产品，达到营销的目的。如可口可乐的软文，其充满悬念和神秘的文字强烈地吸引了消费者。

据说，在英国流传着这样一个故事，世界上最不为人知的三个秘密：英国女王的财富，巴西球星罗纳尔多的体重，以及可口可乐的配方。

其实可口可乐的配方一直对世人公开，每一瓶可乐的瓶身都清楚地注明了配料表，包括糖、碳酸、水、焦糖、磷酸、咖啡因等。但据说，在可口可乐中

项目七

占比不到 1% 的神奇配料才是它的核心技术，这种被称为"7X"的神秘配方，一直被可口可乐公司的元老和高层精心保护着。

（五）情感式软文

情感是广告的重要媒介。感性消费是基于个人感性思维的一种消费形式。情感式软文抓住了这一特点，让软文富有感染力，引起消费者的情感共鸣和消费意愿。如下文：

> 静下心来好好思考，你到底与妈妈的差距在哪里呢？
>
> 一块月饼，有人只尝一小口就给另一个人吃，这是谁和谁？
>
> 一块月饼，有人吃得只剩一小口，才给另一个人吃，这是谁和谁？
>
> 谜底很简单：前者是妈妈和孩子，后者是孩子与妈妈。
>
> ……
>
> 母子之间的爱，不仅是吃月饼的时候会如此，很多场景下，也是如此分配的，无论是留给自己的，或是孩子给予的，妈妈似乎得到的总是那"一小口"，而妈妈却会为此心满意足。
>
> 有谁知道这前后各一小口之间的爱差距有多大呢！
>
> 一份心意填补一个遗憾。
>
> 我们都有母亲。
>
> 当我们长大，当我们成熟；
>
> 母亲鬓发白了，脸上皱纹深了。
>
> 平时，熙熙攘攘的生活
>
> 复杂的人际以及繁忙的工作
>
> 容易使我们感到疲惫，
>
> 容易使我们善忘……
>
> 中秋节就要到了
>
> ××月饼让那一小口的差距再近一些。①

三、软文的写作方法

软文在传统媒体的时代就已经出现，现在进入到新媒体时代，视频化、图像化成为

---

① 《第 3 计 感动人心》，百度文库，2017-06-14，引用时有改动。

项目七

人们接收信息的主要方式。然而，软文文本的写作依然是软文的灵魂。

（一）写标题

这是一些软文标题：

> 从小被吼大的孩子，都怎么样了？（书籍产品）
>
> 张无忌和乔峰：两类童年，两种悲喜（教育服务）
>
> 83 条顺口溜，带你搞定高中地理三年知识点（教辅产品）
>
> 民国时期的"头号社交礼物"，居然是这个东西？！（文创产品）
>
> 华语百亿阵容，我赌它一定爆（电影）
>
> 太萌了！暑期档国漫又来放大招！（动漫电影）
>
> 想要玩坏丧尸，找个中国人就够了（游戏产品）
>
> 男人为什么喜欢喝酒（酒类产品）
>
> 什么茶适合女生（茶类产品）
>
> 讲真的，我超后悔没早知道这套叉勺（幼儿餐具）

这些标题有什么特点？

一是简短好记，主题明确。软文标题是一句话的学问。互联网用户每天会在各类媒体中浏览到海量信息，无暇做深思和揣测。软文的标题必须简短，一目了然，无须过多停留与思索就能明白的标题才能给用户留下印象，并促使用户点击阅读。

二是有创意、有价值。强大的标题是非常有吸引力的，只需一眼就能吸引用户的兴趣。标题必须凸显创意和价值，既要能勾起读者的兴趣使其点击阅读，又要能直击用户痛点，使其不得不点击阅读。

软文标题的写法可以说千变万化，有悬念式、励志式、新闻式、对比式、经验式、反问式、白话式、夺人眼球式、隐喻式、提示式、流行式、数字式、警告式、知识式、问题式等[1]，似乎永远也总结不全。究其根本，其实软文标题的核心目的是吸引读者。因此，无论哪种形式，把握简短好记、主题明确，凸显创意和价值的原则，就能够吸引眼球，引来点击量。

（二）写正文

软文标题给读者第一印象，正文的写作却能够决定读者读到产品介绍部分时是继续

---

[1] 苏航：《软文营销实战 108 招：小软文大效果》，人民邮电出版社，2016 年版，第 76~134 页。

项目七

阅读还是失望退出。软文正文的写作，第一原则是要与标题的风格一致，内容充实，能够为读者提供与标题一致的内容。

软文是一种针对消费者心理，从情感上对特定产品或品牌进行宣传和引导的文字形式。因此，可以在写作中使用以下方法：

1. 语言风趣、内容有新意

无论软文的目标人群是哪些人，人类的好奇本能决定了读者普遍喜爱看到新奇有趣的内容。尤其是对于以年轻人为主的软文用户来说，一篇太过严肃的软文是不能吸引人的。在软文写作中，或者运用天马行空的想象力，或者充分发挥发散思维，只要内容有新意，再辅以幽默风趣的语言，一定能够吸引公众的阅读兴趣。如《今年双十一，我下单了一个武装到脑子的自己》，运用幽默的语言吐槽"双十一"的购物体验，最后为该企业的"艺术××好物节"活动起到了很好的宣传效果：

> 买还是不买？
>
> 这是一个比 to be or not to be 还永恒的难题
>
> 但当这个难题遇到双十一
>
> 似乎没有什么好犹豫
>
> 付定金一时爽
>
> 补尾款火葬场
>
> 还花呗骨灰扬
>
> ……
>
> 我们终将"钱途无亮""坦坦荡荡"
>
> 实不相瞒
>
> 每年双十一过后
>
> 我都是用脚来写稿的
>
> 但今年冷静下来，仔细想想
>
> 与其囤这些之后根本用不上的东西
>
> 不如购买能受益一生的精神食粮
>
>
> 所以
>
> 今年××商城
>
> 搞大大大大大事！
>
> 艺术××好物节来了！

项目七

2. 用情感感染读者

人是感性的动物，在消费行为中也常常表现出受到感性因素驱动的情况。许多软文在写作中善于使用"攻心法"来打动读者，引起读者的情感共鸣。这类软文由于能够直击用户内心，吸引他们的注意力，紧扣其感性心理，从而提升主动购买产品或服务的概率。如某别墅的宣传软文，用诗意的语言描绘出绿水青山的环境，塑造出悠闲惬意且高级的生活场景，让人不禁心驰神往：

鱼什么时候来，是鱼的事

8000 平方米的湖、2 座湖心小岛，一个下午

钓不钓到又怎样呢？

先生的湖，山下的墅，给自己多点时间去体会

在先生看来，有些走路只是赶路

湖边木栈道、林间小路，连接岸与岛的桥

不是所有的路，都是为了去到哪里

先生的湖，山下的墅，给自己多点时间去体会

或许吧，树比董事更懂事

60000 平方米山体公园、湿地，清澈的泉，安静的树

让人宽慰的，谁说只有生意

先生的湖，山下的墅，给自己多点时间去体会

3. 紧扣消费者需求

软文是给消费者看的，写软文的目的也是为了吸引消费者。因此，最成功的软文一定是最了解消费者需求的。想要写出成功的软文，需要了解消费者的需求和痛点，如对产品价格、产品外观、产品质量、产品安全等方面的需求。以消费者需求为导向，明确目标客户的消费心理和消费行为习惯，才能写出有针对性的软文文案，更好地抓住消费者的眼球。

如"××艺术"是一个主打艺术知识普及的平台，发布的软文主题、推广产品也都面向艺术爱好者，开发和推广艺术类课程培训或文创产品。"××妈妈"是一个专门面向"新手"父母的微信公众号，其平台中的软文主题、推广产品都是面向父母育儿的需求，主打与婴幼儿的健康、成长、学习等相关的软文。

4. 灵活使用关键词

在软文标题和正文中，关键词的灵活使用可以帮助文章更好地实现引流目的，让消费者在软文中与产品实现互动，这是一种非常高明的广告植入方法。

软文为了实现宣传和推广的目的，通过将产品的信息或营销活动的核心与社会热点关键词相结合，可以提高文章的曝光率。

现在，大多媒体都有自己的热搜排行榜。如新浪微博的热搜榜单上大多都是网友感兴趣的讯息和话题。软文写作者参考热搜排行，把热词与推广产品结合，快速成文。这也是写作功底、媒体新闻感知敏锐度、对产品的理解程度和对消费者了解程度的集中体现。

如某书评周刊，在 2021 年 6 月 1 日发布文章《儿童文学，除了想象力，还需要点"现实主义"》《沉浸在童诗里，我们都变成了孩子》，充分利用"儿童节"的热搜关键词，推广与儿童教育、儿童文学相关的书籍；在 11 月 11 日，推出文章《"双 11"〈解码广告〉：广告卖给我们的，是我们自己》，充分利用了"双十一"的热度，在文中推广与广告主题相关的书籍。

商业社会竞争越来越大，一篇成功的软文能够为企业带来意想不到的流量。学会写新媒体软文，无疑就是掌握一项生存的技能。

 **情境训练**

旅游业是以旅游资源为凭借、以旅游设施为条件，向旅游者提供旅行游览服务的行业，又称无烟工业、无形贸易。现在由于我国居民收入水平的不断提升，越来越多的人在闲暇时间都会选择旅游来放松身心。各地政府也纷纷大力发展旅游事业以促进当地经济的转型与发展。

 **问 题**

请结合你家乡的旅游资源，写一篇软文为你的家乡做宣传。

思政在线

2021 年，"共和国勋章"获得者、中国工程院院士、国家杂交水稻工程技术研究中心主任、湖南省政协原副主席袁隆平，因多器官功能衰竭，于 5 月 22 日 13 时 07 分在长沙逝世，享年 91 岁。

在得知这一消息的第一时间，国内外各大媒体纷纷报道、转载，同一时间，各类媒体都向用户推送了这一令人哀痛的消息。

人民日报发布的题为《袁爷爷，我会记得好好吃饭》的文章在官网、微博、今日头条、微信公众号、企鹅号等不同平台推送，立即受到了关注。新闻累计阅读584.7万次，收到评论6791条。新闻中用1122个字、8张图片和2段视频等多种手段展示了中国人民对袁隆平的哀悼，回顾了他一生的事业历程，让读者全方位地了解到这一事件。

新华社的文章《禾下乘凉梦 一梦逐一生——怀念袁隆平》详细梳理了袁隆平一生投身于水稻事业的历程以寄托哀思，本新闻累计阅读数量160.4万次。

同时，彭博社、路透社、美联社等各国媒体也纷纷报道，缅怀袁隆平先生。通过国外媒体的报道和读者的评论，也让我们了解到了袁隆平对于世界的贡献。

身处网络时代，只要我们愿意，便可以得知世界上所有地方的最新消息。新闻开始以更加多样的方式被推送到我们每个人面前，让我们得以更快、更多地了解世界上伟大的人与一切美好。

 讨 论

1.通过以上材料，你认为新闻报道应遵循什么样的价值取向？

2.读了以上材料，你认为袁隆平的逝世引起广泛关注的原因是什么？

知识图谱

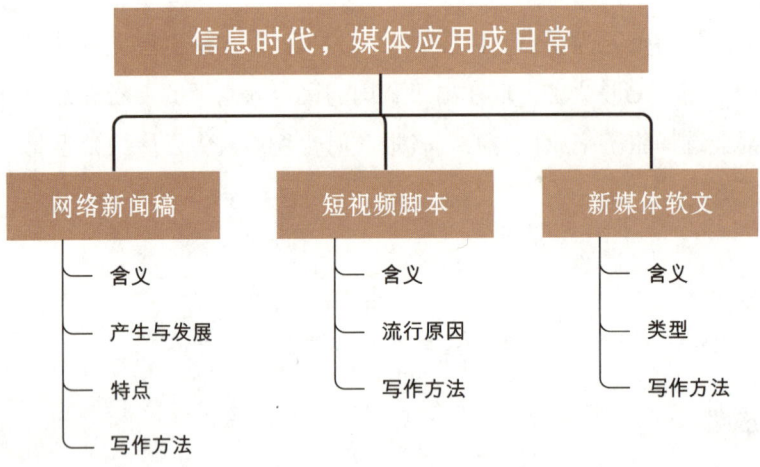

信息时代，媒体应用成日常
- 网络新闻稿
  - 含义
  - 产生与发展
  - 特点
  - 写作方法
- 短视频脚本
  - 含义
  - 流行原因
  - 写作方法
- 新媒体软文
  - 含义
  - 类型
  - 写作方法

 课后作业

一、材料分析

材料一：2019年5月，某市地铁7号线上，乘客们熙熙攘攘非常拥挤，突然有人高喊"卧倒！"周围乘客顿时陷入慌乱，多名乘客夺路逃生，有不少人不顾危险跳出了

（项目七）

地铁⋯⋯

后来经警方调查发现，原来是有人在地铁拍摄短视频。5 月 20 日上午，某市公安局证实，三名涉事男子已被警方刑拘。

材料二：你会在短视频平台花 3 至 5 分钟时间看完一部电影或一集电视剧吗？当下，不少热播影视剧的"浓缩版"都可以直接在短视频平台看完，用户如果只需要了解大概剧情，并不需要转去长视频平台或者电影院看完整版。

2021 年 4 月 9 日，逾 70 家影视传媒单位及企业发布保护影视版权的联合声明，表示将对目前网络上出现的公众账号生产运营者针对影视作品内容未经授权进行剪辑、切条、搬运、传播等行为，发起集中、必要的法律维权行动。

短视频在近几年处于野蛮生长的状态，有的人为了拍摄短视频不惜制造恐慌、歪曲事实、炮制谣言；有的人为了利益对他人的合法权利肆意侵犯。

请简要分析以上事件中暴露的短视频制作触及了哪些禁区？谈谈我们在制作短视频时如何才能避免踩到法律的禁区？

二、写作训练题

请为你所学的专业写一篇招生广告软文，发表在网络平台上并观察、统计一周内的浏览、评论情况。

市场营销，文案策划拿得起

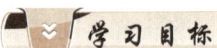
学习目标

1. 掌握广告文案的创作原则
2. 了解策划书的写作规范
3. 了解企划书的写作规范

任务一

8-1

广告文案，创意文字建奇功

案例导入

专注于高端智能手机研发的 3V 公司，近几年主要是针对女性客户群研发产品。但很快发现，3V 公司生产的智能手机与市场流行的同类型手机相比，不管是外观还是功能上都不相上下，但却一直没有打开市场。

于是，3V 公司通过研究决定，由企划部牵头设计一款广告，目的是让更多的客户和消费者了解和购买 3V 公司的产品。

企划部接到任务后，结合公司主打产品 Z 手机的特征和功能，以突出产品特色为前提，根据客户群需求，有针对性地在各大平台发布了一则广告。

不到数月时间，3V 公司的 Z 手机就成了家喻户晓的爆款……

课堂讨论

1. 你认为 3V 公司为 Z 手机策划了什么样的广告文案，让它这么快就成为爆款？
2. 你知道创造一则广告都需要注意哪些要素吗？

知识讲解

广告文案及其创作

如今 3V 公司的 Z 手机每月都能突破 10 万台的销量，按照这样的发展势头，老板一定会对年终财务报告非常满意。作为文案创作人，你能不激动和自豪！

什么是广告？现代世界通用的"Advertise"一词，是工业革命以后，日益繁荣的商业活动的产物，代表现代意义上的一切广告活动。[①] 广告一词的汉语解释，在 2016 年第 7 版的《现代汉语词典》中为：向公众介绍商品、服务内容或文娱体育节目的一种宣传方式，一般通过报刊、电视、广播、网络、招贴等形式进行。那些"凡是有助于完成广告目标的一切形式的文字，都可以称之为广告文案[②]"。

好的广告文案是广告成功的一半。例如雀巢咖啡的广告文案：

> 味道好极了！
>
> 每刻精彩瞬间，每杯雀巢咖啡。
>
> 香醇体验，随时拥有。
>
> 再忙，也要和你喝杯咖啡。

雀巢咖啡的这段广告文案简单却又意味深长，呈现了无尽的爱意与温暖，这不仅是雀巢咖啡的主题，也是其创意的体现，以至于之后雀巢咖啡在全球范围内征集广告文案时，竟发现没有一句比这句更经典，这则广告文案一直保留至今。但要创作一则能吸引消费者并被消费者接受的广告文案，只有智慧和创意是不够的。因此，如何进行广告文案创作，才能使广告更加引人注意、招人喜爱，最终促成人们的购买行为呢？

一、广告文案的创作原则

关于广告文案的创作，在广告学领域有一个非常经典的案例。

> 20 世纪 50 年代，由美国广告怪杰大卫·奥格威为哈撒韦牌衬衣做的广告，使得哈撒韦牌衬衣在广告刊出一年后的销量翻了三倍。
>
> 大卫·奥格威得意地说："迄今为止，以这样快的速度这样低的广告预算

---

① 赵惠霞：《广告美学：规律与法则》，人民出版社，2007 年版，第 4 页。
② 乐剑峰：《广告文案》，中信出版社，2016 年版，第 18 页。

建立起一个全国性品牌，这还是绝无仅有的一例。"①

　　然而，对于这则广告取得成功的原因，大卫·奥格威则说："我想了18种方法来把有魔力的佐料掺进广告里去，第18种就是给模特戴上一只眼罩。最初我们否定了这个方案而赞成另外一个被认为更好一些的想法，在去摄影棚的路上，我钻进一家药店买了一只眼罩，它到底为什么会那么成功，我大约永远也不会明白。但它使哈撒韦衬衣在过了116年默默无闻的日子之后一下子走红起来。"②

图 8-1　美国哈撒韦牌衬衣广告③

　　大卫·奥格威的成功真的是偶然事件吗？广告及广告文案的创作真的没有什么原则或者规律可循吗？

　　其实不然，广告文案的创作起码应该坚持三大原则。

（一）说什么：明确诉求内容

　　"明确诉求内容，就是要明确告诉消费者的内容，即在众多的信息中选择自己最需要告诉消费者的信息和消费者最需要知道的信息。"④

　　例如，OPPO手机"充电5分钟，通话2小时"的广告文案。

　　这是针对很多其他品牌手机提出的"待机时间长"这一被泛化的概念，树立的"充电快"且"待机长"的品牌形象，同时，也形成了它的核心卖点。

　　这里不仅突出了产品的功能与效果，强调了产品的特点与品牌形象，最重要的是还突出了OPPO品牌追求极致、用户价值的文化理念。

（二）对谁说：明确诉求对象

　　"明确诉求对象，一方面，要明确最适合使用和购买所推销产品的人；另一方面，

　　①② ［美］大卫·奥格威：《一个广告人的自白》，中国物价出版社，2003年版，第136页。

　　③ 刘凯歌：《罗盘战略定位咨询|夕阳下牛仔形象成为一个经典，至今已是世界香烟第一品牌》搜狐网，2018-05-28。

　　④ 赵惠霞：《广告美学：规律与法则》，人民出版社，2007年版，第76页。

项目八

明确最大概率购买该产品的人。"①因为，在现实生活中，真正购买产品的人，未必是产品的使用者。例如，婴幼儿产品、礼品等。所以，广告文案的创作，不仅需要考虑到使用者，更重要的是要考虑到真正具有购买行为的人。

例如，飞鹤奶粉早期的品牌宣传是"飞鹤位于北纬47度的黄金奶源带，自然环境优越。精选进口奶牛，并且通过构建的'2小时生态圈'，能够让原生态牧场挤出的牛奶，在2小时内运至世界级工厂"。之后将广告文案改为："飞鹤奶粉，55年专为中国人研制，更适合中国宝宝体质。"促使飞鹤品牌的奶粉销量由2014年的35.8亿元，达到2018年的115亿元，整体销售额增长了223%。一举成为中国奶粉市场排名第二的品牌。②

飞鹤奶粉为什么能在短短的4年间，不仅获得了消费者的信任，而且在销量上也取得了巨大的成功？

这是因为飞鹤奶粉具有明确的消费对象，且考虑到了使用群体的生理特征，同时抓住了购买群体的心理特征。

（三）如何说：科学选择诉求的方式

"广告的最终目的，是促使人们产生购买的欲望，形成购买的行动。"③广告文案如何引起人们的注意？"可以归纳出四种基本的选择诉求的方式，即让人感到新颖有趣的方式、满足人们需求的方式、与熟悉事物相联系的方式、与美的事物相联系的方式。"④

例如，圣罗兰（YSL）以"我着我色""让优雅永随女性——包包必备的YSL口红"的广告文案推出了经典纯口红，获得了消费者的热捧，经常出现卖断货等现象。

同时，圣罗兰（YSL）品牌还很注意诉求方式，一方面，通过多类型的资源推广，如推出产品试用等方式，加深用户对YSL经典方管口红的认识；另一方面，通过与新老用户在论坛上的互动制造话题，如发动用户参与讨论，进而激发她们对产品的兴趣并购买产品。

二、广告文案的创作规律

广告文案创作不仅有三大原则，而且还有八条规律可以遵循，即"功能优先规律、新奇规律、文化心理规律、时尚心理规律、名人效应规律、借月沾光规律、性本能影响

项目八

---

①③④赵惠霞：《广告美学：规律与法则》，人民出版社，2007年版，第88，102，103页。

②《正奇五度：因一句广告词，飞鹤奶粉销量增长了223%！带来什么启示？》，搜狐网，2019-03-11.

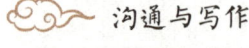

规律和艺术表现规律"。[1]

（一）功能优先规律

"广告文案创作的功能优先规律，指在广告创作中，优先选择商品的特殊功能作为广告设计的核心，进行突出宣传，可以有效地实现广告目的这样一种因果关系。所谓功能优先，一是就商品的功能与商品的其他特点而言，如外形、包装、产地、生产者等，商品的功能应该放在首选的位置。二是在同其他宣传形式相比，如艺术表现、名人效应等，突出产品功能的宣传应该放在优先选择的地位。"[2]

例如，红牛作为功能饮料，刚进入中国市场时，其定位就是提神醒脑、补充体力。因此，它的广告语就是"困了累了喝红牛"，可谓一句广告词成就了一个品牌。之后还出现了"困了累了喝东鹏特饮""困了累了喝乐虎"的效仿。但是，这样的广告语因为太有针对性而让红牛品牌之后的发展进入瓶颈。2013 年，红牛为寻找新的发展契机，将广告文案改为"你的能量超乎你的想象"，再次使红牛创造了非凡的业绩。红牛品牌两次广告文案创作取得成功的共同点，就是把对产品功能的宣传放在了优先地位。

（二）新奇规律

"广告文案创作的新奇规律，指新奇的广告内容和形式，可以增强广告效果、实现广告目的这样一种因果关系。广告内容的新，主要是指广告所宣传产品的新颖之处，这种新，不是指同类产品新出现一个品牌，而是指产品功能的创新。广告形式的新，主要是表现手法的创新。同样性质的产品，同样的诉求内容，表现手法决定广告的成败。"[3]

例如联想电脑最经典的广告文案："人类失去联想，世界将会怎样？"

广告文案必须求新求变，才能使产品在众多的同类产品中，吸引到消费者的眼球。

（三）文化心理规律

"广告文案创作的文化心理规律，指广告内容符合消费者的文化心理，可以有效地引起人们的注意，为人们接受和喜爱，从而达到广告的目的。文化心理的内容大致可以分为两个部分：一是有意识的，如道德观念、风俗习惯、宗教信仰等。一是无意识的，主要是社会审美心理。人们在潜意识作用下，不清楚喜欢什么不喜欢什么，只有在面对

---

[1][2][3] 赵惠霞：《广告美学：规律与法则》，人民出版社，2007 年版，第 3，117，121，137，141 页。

具体欣赏对象时，才能清楚地知道自己的感受。"①

近年来，以浓郁的古风和诗意的故事出圈的"花西子"美妆品牌，正是以古色古香的中国风满足了国内女性的文化需求与审美心理。例如，以"雕花口红，唇间锦绣，复刻东方微雕工艺"作为广告文案推出的口红，使大部分中国 90 后女性成为其主要的消费群体。

（四）时尚心理规律

"广告文案创作的时尚心理规律，指符合时尚心理的广告，易于受到消费者的注意，给人留下美好印象，最终促成消费者的购买行为。时尚心理总是处于不断的变化过程之中，而且愈新愈时尚，愈有生命力。所以，广告文案创作者要善于分析和研究社会的变化，捕捉时尚心理于端倪，用之于广告文案创作，方能取得奇效。"②

例如，乐普医疗曾借助电视剧《如懿传》的热播，向新晋宝妈推出了它的新款体温计——佳妙型体温计，其广告文案是："新晋宝妈种草一款能顶替《如懿传》十个嬷嬷的体温计。"

（五）名人效应规律

"广告文案创作的名人效应规律，指广告采用有关名人的信息，可以借助名人的影响力，增强广告的宣传效果，更好地实现广告目的这样一种因果关系。所谓名人，就是公众熟悉的人。这些人社会知名度高，较之一般普通人，被更多的人知道。"③

值得注意的是，"名人效应规律中的名人必须是名声好的名人，这是因为好名声的名人是人们喜爱的，与之相联系的产品不仅可以借其名而给人们留下好印象，而且由于对名人的喜爱也会波及产品，从而最终促成人们的购买行为；而坏名声的名人则是人们厌恶的，坏名声的名人也可以使产品借其名而被人们记住，但却会因人们对其厌恶而厌恶产品，从而无法达到广告的目的"。④

名人效应规律是粉丝经济的一种具体体现，具体可通过"××明星同款"等广告文案形式，刺激消费者的购买行为。例如，韩剧《来自星星的你》在国内爆火，剧中人物所用的同款商品都成了爆款，如手环、戒指、耳环等，尽管单价至少 1.7 万元，但当顾客们看到"××同款"的宣传文案时就会争相购买，这就是运用了广告文案创造中的名人效应规律。

项目八

①②③④ 赵惠霞：《广告美学：规律与法则》，人民出版社，2007 年版，第 153，159，174~175，177，194~195，211，225 页。

（六）借月沾光规律

"广告文案创作的借月沾光规律，指在广告文案创作中，将产品与其他有影响的事物联系在一起，可以借助后者的影响，有效地实现广告目的这样一种因果关系。借月沾光规律就是给商品附加上能够增加价值的新意义。"[①]

例如，伊利创作团队从关注奥运，到对整个社会的洞察，进行价值观的拔高和正能量的输出，广告文案如下：

"我们和中国奥运的故事，从期盼开始

（2001 年）盼了半个世纪的一声

（2004 年）盼了 12 秒 91 的一次突破

（2008 年）在家门口，盼到 60 亿人的瞩目

（2016 年）盼到了无人撼动的地位

盼着，盼着，忽然天色变了

我们开始盼一些人的出发

也盼着一些人的归来

等到终于盼过了这个冬天

却又盼来了另一个冬天

但我们和中国奥运的故事 远未结束

你看啊

依旧有人，继续拼尽全力

依旧有人，在盼着战斗

刘国梁：我们的目标不会变

刘诗雯：不负韶华，为国而战

马龙：全力以赴，不问终点，为中国乒乓加油

苏炳添：再等一年，再拼一年，中国的速度不会慢下来

陪伴中国奥运健儿十五年的伊利

也会陪你继续盼下去

盼光来

或是，盼自己变成那道光

① 赵惠霞：《广告美学：规律与法则》，人民出版社，2007 年版，第 194~195，211，225 页。

盼生命 再一次光芒绽放
伊利·滋养生命活力"

（七）性本能影响规律

"广告文案创作的性本能影响规律，指广告中采用有关性的内容，可以吸引观众的注意，增强广告的影响力这样一种因果关系。性本能影响规律中的'性'，与生活中一般意义的性概念不同。它指的是人类的性本能对人行为的影响以及这种影响在广告中的作用。"[1]

"性在广告中的表现，正如它在生活中一样普遍。具体表现为：美女形象法、男女关系法、性趣味吸引法和红线止步法。"[2]

例如，Boots 的身体润肤乳广告文案："为了更性感的膝盖。"就是运用性本能影响规律的性趣味吸引法，使得这则广告一改传统润肤露广告的俗套画面，给消费者留下深刻印象。

但值得注意的是，广告文案创作在运用性本能影响规律时，必须以道德的红线为限，也就是红线止步法。如果广告文案给人以低级趣味，就会使受众产生不快感，影响到广告效果。

（八）艺术表现规律

"广告文案创作的艺术表现规律，指在广告文案创作中运用艺术表现形式，可以引起观众的注意，给人带来快乐，留下美好印象，更好地实现广告目的这样一种因果关系。"[3]广告中的艺术表现规律，归根结底是为广告目的服务。

如宋代文豪苏轼谪居海南岛琼州儋县时，曾替邻居卖馓子的老妪写过一首广告诗：《戏咏馓子赠邻妪》，使其原本萧条的生意变得十分红火[4]：

纤手搓来玉色匀，
碧油煎出嫩黄深。
夜来春睡知轻重，
压扁佳人缠臂金。

---

[1][2] 赵惠霞：《广告美学：规律与法则》，人民出版社，2007 年版，第 241，247 页。
[3][4] 赵惠霞：《广告美学：规律与法则》，人民出版社，2007 年版，第 262，274，275 页。

再比如：长城葡萄酒以"三毫米的旅程，一颗好葡萄要走十年"为标题的广告文案：

> 三毫米，
>
> 瓶壁外面到里面的距离，
>
> 一颗葡萄到一瓶好酒之间的距离。
>
> 不是每颗葡萄，
>
> 都有资格踏上这三毫米的旅程。
>
> 它必是葡园中的贵族；
>
> 占据区区几平方公里的沙砾土地；
>
> 坡地的方位像为它精心计量过，
>
> 刚好能迎上远道而来的季风。
>
> 它小时候，没遇到一场霜冻和冷雨；
>
> 旺盛的青春期，碰上了十几年最好的太阳；
>
> 临近成熟，没有雨水冲淡它酝酿已久的糖分；
>
> 甚至山雀也从未打它的主意。
>
> 摘了三十五年葡萄的老工人，
>
> 耐心地等到糖分和酸度完全平衡的一刻才把它摘下；
>
> 酒庄里最德高望重的酿酒师，
>
> 每个环节都要亲手控制，小心翼翼。
>
> 而现在，一切光环都被隔绝在外。
>
> 黑暗、潮湿的地窖里，
>
> 葡萄要完成最后三毫米的推进。
>
> 天堂并非遥不可及，再走十年而已。

长城葡萄酒的广告文案就是将葡萄酒的生产过程以故事的形式呈现出来，使消费者在了解葡萄酒整个生产流程的基础上，对于产品更加信服；同时，这则文案对葡萄酒创作过程的夸张，隐含着对消费者品位的拔高与肯定。

广告文案创作的原则和规律是在广告创作实践过程中的提炼与升华，其最终目的是为了更好地促进广告文案创作，达到使消费者产生购买行为的目的。

 **情境训练**

2021 年 11 月 17—19 日，中国米脂小米的创新农业品牌米质咖啡将"陕北谷物小米 + 国际饮品咖啡"相结合的咖啡饮品在亚洲最大的国际咖啡展会亮相，向世界展示了

中国陕西米脂小米的魅力。

米质咖啡首次采用了小米＋咖啡的手冲挂耳形式，陕西米脂小米与进口的阿拉比卡咖啡豆相结合。米质咖啡创始人介绍："养胃的中国谷物米脂小米＋欧美提神的咖啡是米质品牌对创新农业的思考、创新与尝试。"

（材料来源：西部网）

 **问 题**

请你结合课程内容，为米质咖啡写一则推广方案，让更多的消费者了解并认可米质咖啡。

 **任务二** ────▶ **策划书，营销规划出奇兵**

8-2

　　3V 公司乘胜追击，又推出了针对女性客户群的新款智能手机，该款手机在原有的基础上，不仅增添了更多的时尚元素，优化了自拍和美颜功能，能让所拍的照片更清晰，尤其是在逆光、夜景等环境下表现更为突出，这款手机还新增了一个拍照功能，即能通过用户需求自主选择气质类型。

　　3V 公司吸取经验教训，认识到"酒香也怕巷子深"，所以决定要在两个月内为新产品筹办一场发布会，让更多的用户了解自己的产品。

　　市场部接到任务后，立即投入到具体的工作中，联系场地、确认出席嘉宾、讨论主题等，但最重要的是，需要准备一份发布会的策划书。

课堂讨论

1. 公司举办活动，为什么一定需要策划书？

2. 假如由你负责公司新品发布会策划书的写作任务，你需要考虑哪些因素？

项目八

策划书的写作

伴随社会的发展，文化活动越来越重要，与之相应的创造性活动也被人们越来越重视，其目的性和计划性也越来越突出。也就是说，企业要成功筹办一场有计划、有目的的活动，必须要先有一份切实可行的策划书。

策划书是为营销服务的，"现代营销学，指的是企业怎么发现、创造以及交付价值，用来满足特定目标市场的需求，并从中获取利润。"[1] 而营销策划书"是一个以营销为目的的整体计划，也就是指在市场销售或服务之前，为了达到预期的目标而进行的各种促进销售活动的整体性策划"[2]。企业或公司的一些专题活动，都需要进行具体的策划以及一份切合实际的策划书，如新品发布会策划书、展览会策划书、企业庆典活动策划书等。

一、写作原则

为保障策划书写作的科学性与合理性，策划书的写作需要注意以下原则：

（一）逻辑严谨

为什么写策划书？策划是为了解决企业或产品在营销中的问题，如企业升级、企业之间合作以及发布新品等。所以，在形成具体的策划方案或者策划书时必须首先做到逻辑清晰、严谨。一定要在策划书中写清楚为了什么目的、解决什么问题以及具体的措施。

（二）重点突出

策划书要针对企业或产品在营销中存在的以及需要解决的最核心问题，旗帜鲜明地提出应对方案。

（三）可行性强

策划书主要是用来指导企业活动，并且会涉及活动中的各个环节，包括每个人的分工、需要的物料以及预算等。因此，策划书必须要有可行性和实操性。反之，那些不能

---

[1][2] 萧潇：《创意文案与营销策划：撰写技巧及实例全书》，天津科学技术出版社，2017 年版，第 119，132 页。

落地和操作的策划书或策划方案，不仅会造成资源的浪费，更没有存在的价值。

（四）富有创意

富有创意的策划方案，不管是内容上的创新，还是形式上的创意，都可以给人带来全新的感受。总之，创意是策划书的灵魂与核心。

二、写作要点

企业举办各种活动，客观来看，就是这个企业的经济实力与社会地位的展示。而企业活动承办的整体效果，源于活动策划书的设计水平。

> 2020年8月25日，L品牌在敦煌雅丹魔鬼城举办了以"三十而立·丝路探行"为主题的30周年庆典活动，这次活动主要以丝绸之路为节点，通过挖掘历史故事来传达独特的西域文化，让L品牌与敦煌博物馆的文创产品相融合，彰显品牌的文化魅力。
>
> 活动当天，国内众多重磅嘉宾亲临现场。
>
> L品牌创始人在这片沙漠之地取材，结合雅丹地貌的自然起伏打造出一条天然沙漠秀道。沙漠的粗犷感为品牌增添了独特质感，让"坚实""耐用""干净利落"的印象深深烙印在消费者的脑海里。
>
> L品牌敦煌系列产品的推出，是L品牌国潮路线的一次新尝试，也是在敦煌历史文化应用上的一次大突破。品牌通过丰富的故事线激发客户的想象力，为品牌赋予更多附加值。
>
> 这场活动让曾经陷入低谷的L公司充分得到品牌复苏，其创始人L先生表示，不断追求突破的运动精神引领着L品牌不断探索和创造。与此同时，L品牌也将推动中国文化走向世界为己任，期待更多中国运动潮流文化的新输出。

以L品牌"三十而立·丝路探行"为主题的30周年庆典活动为例，可以从以下几个方面考虑策划书的写作要点。

一是明确目的，也就是在撰写策划书时，要根据企业或公司的发展目标，明确活动目的，并在策划书中呈现出来。例如，L品牌就是要以丝绸之路为节点，通过挖掘历史故事来传达独特的西域文化，进而彰显品牌的文化魅力。

二是确定主题，即活动围绕什么主题展开。以案例中的L品牌为例，以"三十而立·丝路探行"为30周年庆典主题，"三十而立"与品牌成立30周年相契合，"丝路探行"则是从产品特征、公司定位以及品牌文化与精神等多角度、多层面提出的活动主题。

三是确定对象。一般而言，策划书中所涉及的参与对象包括政府部门和行业内的领导、各类新闻媒体、行业相关的人士、公司员工以及其他社会公众等。

四是把握"关键环节"，即策划书既要突出创意，又要有宣传和活动组织的具体安排。

三、写作方法

以下是某公司新品发布会活动的策划书。

一、活动要素

活动时间：

活动地点：

参会人员：

二、活动主题

三、活动目的

四、可行性分析

五、活动内容

1. 特邀嘉宾、来宾、媒体签到

2. 引导特邀嘉宾、来宾、媒体就座（进场背景音乐）

3. 播放公司与产品宣传片

4. 主持人宣布新品发布会开始并介绍公司领导、特邀嘉宾、来宾与媒体

（1）致辞环节。

（2）产品宣讲环节。

（3）记者、来宾提问环节。

（4）自由讨论（体验）环节。

5. 会议结束

六、会务分工

1. 总指挥

2. 领导小组下分各个项目组

3. 场务维护及服务（负责现场、设备能够正常使用，排除外界干扰）

4. 广告宣传（由策划公司与市场部组成）

5. 主持人（主要负责各个环节串词及开场主持）

6. 演讲助理（主要协助嘉宾PPT演讲）

七、物料及使用说明

新品发布会物料清单要求一览表			
物料名称	涉及项目	数　量	用途说明
×××	×××	××	×××

八、费用预算

项　目	数　量	金　额	备　注
×××	★★	★★★	
合　计			

九、预期效果评估

结合某公司新品发布会活动策划书，可以看出，策划书写作基本需要围绕五个方面来展开：

一是通过分析市场现状，交代策划及策划书的写作背景，明确策划的核心目的，确定策划主题。事实上，一份完整的策划书，往往也包括产品的市场定位、竞争力分析等内容。总之，有清晰的市场定位，策划才能更有针对性。

二是形成策划方案。要完成一份比较完整的活动策划书，需要对具体策划内容进行详细阐述，明确提出解决问题的方案与对策。

三是体现会务筹备方案，包括时间、供应以及人力方面的管控措施。其中时间管控，就是依据时间安排表进行节点控制；供应管控，是指对活动的服务、设备及物质资料供应的管理；人力管控，是指对团队的人员配置和管理。

四是会议议程安排，需要明确具体在什么时间、什么地点，由谁完成什么内容。其中，时间要具体到几时几分，而且需要有连贯性。

五是评估预案，即结合预期的目标进行评估。评估预案也是策划书的重要组成部分。

图 8-2 是一般策划书具体执行的流程图。

项目八

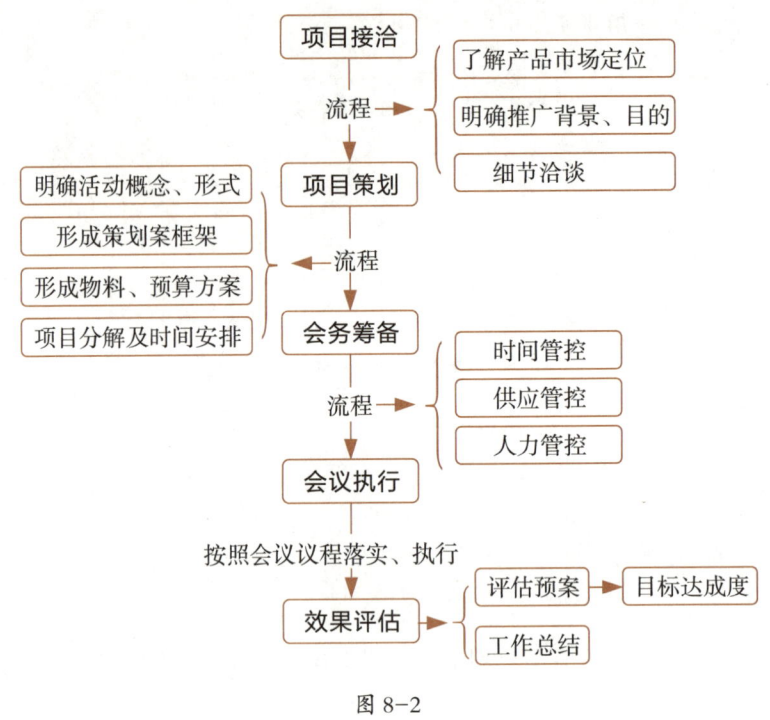

图 8-2

假如你是某文化产业公司运营部的一名工作人员，两个月后将迎来公司成立 10 周年庆典。公司决定举办一场主题鲜明的周年庆典活动，并且要在活动中体现公司的品牌文化，借此机会运用一切方法推广公司最新的文化创意产品。

运营部主管认为你思路清晰、工作严谨，将公司 10 周年庆典活动策划书的写作任务安排给了你。

1. 在着手写公司庆典活动策划书之前，首先需要思考的重点是什么？

2. 请你结合课程内容，为该公司完成一份切实可行的庆典活动策划书。

8-3

任务三

企划书，企业战略全局通

案 例 导 入

随着3V公司针对女性客户群体的智能手机越来越受到女性消费者的青睐，该产品也逐渐在世界范围内打开了市场。因此，越来越多的手机生产商开始模仿3V公司生产类似的手机。

3V公司再一次面临发展危机，于是，公司决定从战略层面对管理、产品销售、服务等进行全方位的规划……

为了使规划更具有可操作性，公司最紧迫的任务是需要一份翔实的企划书。

课堂讨论

1. 你认为3V公司出台企划书都需要注意哪些信息？
2. 假如由你负责公司企划书的具体写作任务，你需要做哪些方面的准备？

知识讲解

企划书的写作

在企业里，常常会遇到企划一个新产品上市、企划企业的发展战略等需求，但是，在具体操作之前，首先需要有一份相应的企划书。

2000年2月28日，在SinoBIT中华创业网对外宣布网站成立当天，也收到了来自深圳文赛团队的商业计划书。SinoBIT中华创业网第二天就给予了反馈：指出定位为网上即时通信的欧姆网族（www.ommo.com）不仅技术附加值高，而且管理团队经验丰富，产品市场前景也很好。但是，要想得到风险投资的青睐，还需对商业计划内容进行更深入地丰富，对公司资源进行再配置，对市场战略进行重新调整。因此，SinoBIT中华创业网还专门组建团队，就市场战略、

项目八

管理机制、财务分析等方面进行了研究，制订了可操作性较强的实施方案。最终形成了一份切实可行的商业企划书。[1]

一、写作要素

所谓企划书，就是一份全方位的项目计划。"它从企业内部的人员、制度管理，以及企业的产品、营销、市场等各个方面，对即将展开的商业项目进行可行性分析"[2]。

事实上，因企划的目的不同，其对象和内容也会有差异，企划书的结构、形式也会有很大的差别。但一般而言，一份完整的企划书包括企划的背景、原因、目的、具体内容、相关人员、实施地点和时间、具体方法、预算以及评估企划的效果等要素。

二、写作特点

在企业的战略性发展过程中，拥有一份合适的企划书是必须的，那么，一份行之有效的企划书，具备哪些特点呢？

首先，目的明确。也就是说，在企划书写作之前，要回答为了什么需要进行企划这个问题。如是为了开发新产品，还是为了营销，或是广告投入，又或是经营管理。目的不同，针对性自然不同，所以，企划书开始的第一步，就是要有明确的目的。

其次，逻辑严谨。企划书必须是围绕某一目的的商业计划，整个计划必须符合逻辑需求；另外，企划书还必须严谨，如涉及数据时，必须科学、符合实际，最好是能提供必要的定量分析；涉及企业规划时，一定是对市场充分研究后的合理结论，且结论切实可行。

再次，重点突出。企划书在行文上要尽量言简意赅，突出重点，也可以通过视觉效果使企划书更直观、更形象。

最后，表达得体。企划书不是文学创作，在语言表达上不需要修饰语，主要以准确、简明和得体的客观说明与陈述为主。

三、写作方法

以某品牌养血糖浆的企划书为例，其在写作中包括市场背景分析、机会点和问题点分析、战略规划、营销策略、预算以及效益评估等内容，这个思路也是企划书的常见写作思路。

---

①②岳海翔：《企划文书写作：要领与范文》，中国言实出版社，2008 年版，第 4，6 页。

（一）市场背景分析

可从市场背景、竞争状况、消费者状况、企业状况、市场潜量估计五个方面对产品的市场背景进行分析。

（1）市场背景，即判断市场上有没有同类产品以及本产品基本的市场定位。

（2）竞争状况，即对竞争者的确认以及彼此综合实力的评述。

（3）消费者状况，即分析消费者对产品的了解与认可程度。

（4）企业状况，即企业自身的发展状况，对发展前景以及可能遇到的障碍进行分析。

（5）市场潜量估计，即分析市场上潜在的客户群，需要用具体的数据呈现，如 WH 市总人口 715 万人，女性 346 万，这其中有约 50% 的人有需求本产品的可能性。所以，WH 市市场投入 300 万元，年销售 1000 万元是完全可行的。

（二）机会点和问题点分析

1. 机会点

机会点，如有一定市场基础，无形资产潜力大，产品附加价值潜力巨大，新产品口碑好，海外销售网络基础较好等有利于拓展产品营销的所有因素。

2. 问题点

问题点，如产品档次低，主打功效不明确，定位不精确，产品机理没传播清楚，包装不利于运输等所有不利于企业发展或产品推广的因素。

（三）战略规划

1. 战略部署

战略部署，即做好长期和短期的部署规划。长期部署是未来 3~5 年的发展规划，包括产品升级或者开发新产品等；短期部署一般指一年内的具体发展规划。

2. 形势与选择

形势与选择，即通过分析产品的基本定位，判断企业发展的基本形式，然后对企业的未来发展做出新的判断和选择。

3. 战略定位

战略定位，包括产品功能定位、消费者群体定位以及市场区域定位等。

4. 营销指导思想

营销指导思想，如在研究竞争者营销策略的基础上，趋利避害、扬长避短。

项目八

5.关键点与风险点

关键点指营销的关键举措，如塑造独具一格的品牌形象、对市场的逐步扩展等；风险点指营销过程中存在的风险。

（四）营销策略

1.宣传策略

宣传策略，即以什么宣传方式开展营销，如策划广告等。

2.渠道规划

渠道规划，即以什么途径进行营销，如举办展览会、发布会等。

（五）预算

预算，包括对生产、投资、利润、资金流动的基本预算。

（六）效益评估

效益评估指对影响效益的主要因素进行评估。

假如你在一家手机公司的企划部就职，你们公司针对女性群体设计了新款手机，这款手机开创了手机市场新纪元，定位独特。但是目前从××市场的表现上看，该公司的品牌知名度和美誉度都不够成功，品牌的发展后劲明显不足。因此，公司决定吸引投资者对本公司进行投资，拓展公司的发展潜力及发展空间。于是，公司需要一份能够吸引投资者的企划书……

1.你认为完成一份企划书，需要考虑哪些因素？
2.请你负责为该公司构建一份企划书的框架图。

对于一家公司来讲，不管是为发布广告创作的广告文案，还是为举办活动撰写的策划书，抑或是基于市场分析的企划书，其目的很明显，就是能有更多的消费者接受和认可自己的品牌并购买自己的产品，从而拓宽市场。但是，如何能快速地让消费者从不了解一个产品到接受并购买这个产品？这就需要结合产品特征、公司定位等能够突显产品和品牌特色的项目设置话题、明确主题，这样才能使产品乃至品牌以最快的速度被人们所了解。但是，只是了解，并不代表就能接受，因此，主题不能只是单纯围绕产品展开，而是要将产品、品牌与人们普遍能接受和认可的社会主义核心价值体系、文化价值以及优秀的精神品质等相关联，从而和大部分消费者产生共鸣。只有那些与消费者产生共鸣的产品和品牌，才更容易被接受和购买。

以 M 品牌创始人 L 在 2021 年以"生生不息"为主题的春季新品发布会为例，M 品牌创始人 L 指出 M 品牌"永远有一往无前的勇气和生生不息的未来"！

因此，他强调："愿意押上我人生全部的声誉，亲自带队，为 M 汽车而战！"

尽管有人认为："汽车工业非常复杂，投入巨大无比，动辄就是几十亿、上百亿的投资，弄不好就会翻船掉到坑里。"

但是大部分人表示对 M 品牌汽车充满期待："希望能开着全套 M 品牌智能家居产品的房车环游中国，感受一下行走的智能生活。"

M 品牌对"生生不息"主题的设定，就是在结合产品特征、公司定位的基础上，又以中国传统文化精神加持。不仅让更多的用户了解了自己的品牌，也让更多的消费者与品牌产生了共情。可以说，M 品牌 2021 年以"生生不息"为主题的春季新品发布会是一次成功的发布会。

讨 论

请结合具体的案例，谈一谈公司活动的主题与社会主义核心价值体系有什么关系？

知识图谱

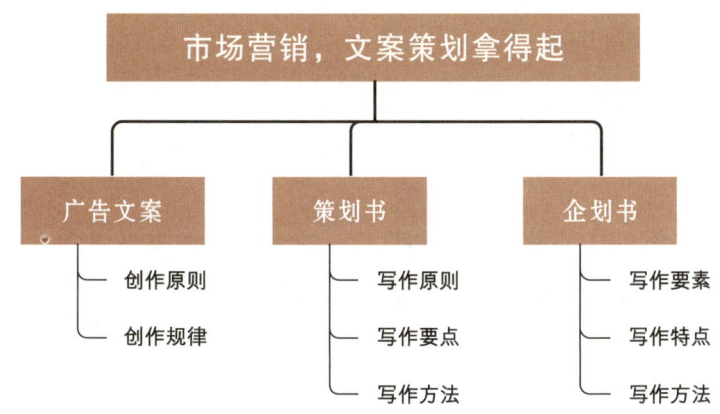

 课后作业

一、材料分析

2021 年 10 月，上海市市场监管局发布 2021 年第二批虚假违法广告典型案例，其中宜家（中国）投资有限公司赫然在列。被处罚的广告是宜家"GUNRID 古恩里德空气净化窗帘"产品广告，该广告含有"旧材料，带来新空气"等内容，被上海市市场监管局认定违反广告法规定，构成虚假广告，因此责令宜家停止发布违法广告，在相应范围内消除影响，并处以 172.5 万元罚款。

宜家针对这一事件，很快发布了《致歉》声明：

对于"GUNRID 古恩里德"窗帘产品广告中"空气净化"功能的宣传对消费者存在误导一事，宜家中国高度重视。基于与相关部门的紧密沟通，宜家中国已积极配合相关部门的有关决定，并已于 2020 年 10 月 28 日停止该产品的销售。

"GUNRID 古恩里德"窗帘产品广告宣传中所提及的空气净化功能是在限定的实验条件下针对特定目标污染物进行检测而得到的净化结果，在实际生活环境条件下净化效果可能会因环境条件的变化而不同。我们对相关广告宣传中未能清晰注明"空气净化是基于限定条件的实验结果"这一疏忽深表歉意。作为全球家居零售行业的领导者，宜家的愿景是为大众创造更美好的日常生活。提供安全且合规的产品是我们工作的重中之重，同时我们也不断研发更可持续、可负担的创新且高质量的产品。我们将坚守承诺，继续为中国消费者提供高质量的家居产品和解决方案。

 任 务

请简要分析宜家"GUNRID 古恩里德空气净化窗帘"的广告文案违反了广告文案创作的什么原则？

二、写作训练

请结合广告文案创作的基本原则和规律，结合宜家的发展愿景，帮助宜家为其"GUNRID 古恩里德"窗帘产品设计一则适合的广告文案。

职场生存，基本公文要掌握

学习目标

1. 理解常用公文的用途
2. 了解常用公文的写作规范
3. 掌握公文写作的基本方法

9-1

任务一　　　　　　　　　　　　► 通知、通报要分清

关于张总、李总参加颁奖仪式并致辞的通知

分公司各部并转呈部门领导：

　　根据我公司年度工作总结会上的决议，我部成立了专项工作小组，在各部门的通力配合下，各项工作开展顺利，工作实施到位，经过一年的努力，现已全面完成"十三五"工作建设目标。现定于一月二十五日举行颁奖仪式，届时拟邀请张总经理和李副总经理参加颁奖仪式并现场致辞。请各办公室提供必要的协助，我部热切盼望两位领导的到来。

　　此致
敬礼！
附件一：讲话稿
附件二：议程

××西安分公司

2021 年 12 月 12 日

项目九

173

课堂讨论

1. 上面的通知传达的信息是什么？

2. 请你指出案例中存在的问题。

通知、通报及其写作

一个办公室文员，拥有基本的办公文书写作技能十分重要。

> 场景一：小于是今年刚毕业的大学生，通过层层选拔终于进入某机关单位成为一名公务员，周一上午主管领导赵主任拿着一份名单对小于说："你尽快拟发一个通知，通知有关部门十点在会议室开会。"小于的大脑飞速旋转：这是什么文体？标题怎么拟，参会人员的书写顺序，会议主题和内容，会议的时间和地点，组织形式，落款是谁……一头雾水的她开始发愁起来……

一、通知

（一）通知的含义及种类

通知，是现代行政管理在处理行政事务时使用的常用文体，适用于批转下级机关的公文、转发上级机关和不相隶属机关的公文、发布规章、传达要求下级机关办理和有关单位需要周知或共同执行的事项、任免和聘用干部等。

在实际工作中，有的人拟的通知即刻就能下文，有的则被领导要求修改十次八次甚至重拟。场景一中小于的困惑，其实就是一个最常见的会议通知拟写。无论什么单位，开会都是很日常的工作形式。小小的会议通知看起来平常且简单，真正操作起来，马上就能考验出个人的文字功底、逻辑思路、统筹协调等能力。所以，如何拟好通知，是办公室人员要掌握的基本技能。

根据适用范围的不同，通知可以分为六大类：

（1）发布性通知：用于直接发布行政规章制度。

（2）批转性通知：用于上级机关批转下级机关的工作报告、建议、计划等，以及沟通情况、指导工作。

（3）转发性通知：用于转发上级机关和不相隶属机关的公文，以便周知或执行。

（4）指示性通知：用于指示下级机关如何开展工作，带有强制性、指挥性和决策性。

（5）任免性通知：用于任免和聘用干部。

（6）事务性通知：用于处理日常工作中带事务性的事情，常把有关信息或要求用通知的形式传达给有关机构或群众。

（二）通知的特点

通知作为各级各类机关公文中使用范围最广泛、运用频率最高的文种，其特点也非常明显，表现在以下几个方面。

1. 真实性

通知的任何情况、事实都必须真实可靠，不能有差错。

2. 广泛性

通知在行政公文的范畴里占比最高且应用广泛，具有适用范围广的显著特征。

3. 双向性

通知可以是平行文也可以是下行文，发文单位和受文单位都不受限制。

4. 灵活性

通知形式灵活，既可以是纸质版，也可以是口头通知或者电子通知。

5. 告知性

通知的主要目的就是为了将事情的来龙去脉告知给相关人员，以便更好地开展工作，具备广而告之的特点。

6. 时效性

通知内容自发布之后即产生效用。

（三）通知的写作方法

小于愁了半天还是不知道从哪下笔，决定先学习一下写作指南里的通知案例，她很快就找到了两篇。

案例一

关于转发××部《健康体育运动计划》的通知

各有关单位：

为了加强职工体育锻炼，提高身体素质，从而健康工作40年，现转发××部发布的《健康体育运动计划》，请大家参照文件内容执行相关活动。

项目九

附件：阳光体育运动计划

×× 厅办公室
2021 年 12 月 8 日

案例二：

成都 ×× 学院文件

成 × 院办〔2021〕3 号

关于进一步规范公文格式的通知

校内各单位：

  为更好地贯彻落实《党政机关公文处理工作条例》，规范我校公文格式，提高公文质量，学院办公室编制了红头文件及信函公文格式，请在工作中结合实际参照执行。

  特此通知

2021 年 4 月 5 日

成都 ×× 学院办公室   2021 年 4 月 5 日印发

认真阅读完案例之后，小于胸有成竹，开始拟写通知。

以上两个案例为我们展示了通知的常见写法。其实，通知与其他公文一样，都有固定的写作框架，掌握之后，对于写作大有益处。

1. 标题

  通知的标题一般采用公文标题的常规写法，由发文机关＋主要内容＋文种组成，如《陕西省教育厅关于加强高校教职工科研诚信的通知》；也可以省略发文机关，由主要内容＋文种组成标题，如《关于规范兼职人员劳务报酬的通知》。

  需要注意的是，发布规章的通知，规章名称要在标题的主要内容部分出现，并使用书名号，如《教育部、国家语委关于发布〈中小学生普通话水平测试等级标准及测试大纲〉的通知》，此处因举例，用了单引号。但在正式文件中，标题的书名号要去掉，《中小学生普通话水平测试等级标准及测试大纲》的书名号则要加上。

  批转和转发文件的公文，所转发的文件内容要在标题中出现，但不一定使用书名号，如《国务院办公厅转发教育部等部门关于进一步加快高等学校后勤社会化改革意见的通知》。

2. 主送机关

通知的发文对象比较广泛，主送机关较多，拟写通知时要注意主送机关排列的规范性，如《国务院办公厅关于复制推广营商环境创新试点改革举措的通知》（国办发〔2022〕35号）中，主送机关为"各省、自治区、直辖市人民政府，国务院各部委、各直属机构"。这些部门因为级别、名称不同，排列要遵循固定的顺序，不能随意排列。

3. 正文

通知的正文也是通知的主体，在内容上通常包括以下几个方面。

（1）通知缘由。通知种类广泛，缘由也各有侧重。发布指示、安排工作、晓谕性的通知，缘由包括背景、根据、目的、意义等；批转、转发文件的通知，可以写缘由，也可以无须说明缘由，开头直接点出转发对象和转发决定；发布规章的通知，一般不交代缘由。

（2）通知事项。这是通知的主体部分，所发布的指示、任免的人员、安排的工作、提出的方法、推进的措施和步骤等，都在这一部分中呈现，写作时条理组织有序，内容复杂的需要分条列款。

（3）执行要求。发布指示、安排工作的通知，可以在结尾处提出贯彻执行的有关要求，如"以上通知，请各单位知悉并执行"。其他种类的通知，如无必要，可以不写。

4. 落款

落款需要写明发文的单位以及抄送的有关单位、签署发文机关和日期。

二、通报

场景二：小于上次写的通知得到了赵主任的肯定。一周后，单位召开了一次工作会议，赵主任要求将会议中讨论的典型案例问题进行各部门通报。小于接受了写作任务后，发现一个问题：即通知和通报似乎一样却又好像不同。那它们到底有什么区别呢？我们一起来学习下。

（一）通报的含义及种类

通报是用来表彰先进，批评错误，传达单位和个人重要指示精神或情况时使用的公务文书。通报的目的是将此事公之于众，起到积极表率或令行禁止的教育作用。

通报根据用途不同，可分为三类。

（1）表彰性通报，主要用于表扬和宣传先进集体、先进个人的典型事迹，从中总结出成功经验或精神，号召人们学习。

项目九

（2）批评性通报，主要用于批评处理重大事故、事件、违法违纪案件等，告诫人们吸取教训，防止类似错误再次发生。

（3）情况通报，主要用于上级领导机关向所属下级机关传达有关重要情况、发布重要信息，以便上情下达、统一认识、协调并推动工作。

（二）通报的特点

通报是下行文，特色非常明显。

1. 严肃性

通报是对典型性的事例进行客观的评判和认定，对优秀的人与事进行宣传和表彰，对严重的失误进行处罚、批评教育和警示，其行文内容和风格较为严肃。

2. 典型性

通报的内容无论是正面的还是负面，都是为了树立典型，以便对阅文者警示教育，规范其行为。

3. 指导性

通报的内容常给接下来的行为准则、工作方向等提供指导性意见。

4. 周知性

通报的目的是广而告之，起到更多的宣传作用。

5. 时效性

通报需要在最短时间内产生后继效应，所以在事件发生后，通报的下文要尽快，不可拖延。

（三）通报的写作方法

为了完成撰写通报的任务，小于在网上找了一个例文并认真学习。

××局关于对××厅大督查发现的典型经验做法给予表扬的通报

各单位：

为推动××局重大决策部署贯彻落实，××局部署开展了对重大政策措施落实情况的第三次大督查。从督查情况看，各部门认真贯彻落实工作会议部署和工作报告中提出的任务要求，勇于创新、真抓实干，敢于担当、主动作为。为进一步调动和激发各方面的主动性、积极性和创造性，经××局同意，对××厅××部门典型经验做法予以通报表扬。希望受到表扬的部门及个人珍

惜荣誉、再接再厉，取得新的更大成绩。

××局

2021 年 12 月 4 日

　　按照这样的形式，小于很快写出了会议通报，再次收获了赵主任的肯定。

　　关于通报的写作，我们可以从以下几个方面学习：

1. 标题

　　通报的标题有两种写法，一是发文机关＋事由＋文种结合，如《国务院办公厅关于对少数地方和单位违反国家规定集资问题的通报》；另一种是由事由和文种构成，如《关于给不顾个人安危勇于救人的李 ×× 同志记功表彰的通报》。

　　此外，有通报的标题是在文种前冠以机关单位名称，不加事由，如《中共 ×× 市纪律检查委员会通报》；也有的通报标题只有文种名称，如《通报》。

2. 主送机关

　　通报的主送机关一般为直属的下级单位或需要了解教育的其他非隶属单位。如果通报的主送机关限制在特定范围内，也可以不写主送机关。

3. 正文

　　通报的正文一般由依据、主体、结尾 3 个部分组成，因通报内容的特殊性，不同通报的写法也不同。

　　（1）表彰（批评）通报。表彰（批评）通报的写作可从三个方面写起：

　　第一部分，说明表彰或批评的原因，常用叙述的手法，客观告知事情的发生、发展、结果。

　　第二部分，对所叙述的事实进行分析和评价，态度客观、立场坚定。

　　第三部分，点明嘉奖或惩处的具体措施，并针对现实需要，发出号召或提出要求。

　　（2）情况通报。常见的情况通报有两种写法，一种是只对具体事实或情况作客观叙述；另一种是在叙述事实的基础上，对有关情况加以分析说明，并针对具体问题提出相应对策。

4. 落款

　　通报的落款是指正文右下方标注发文机关的名称和发文日期。

（四）通知与通报的区别

　　作为两种常用的公文，通知与通报虽然名称接近，但区别非常明显，在使用中禁止混用。为了便于记忆，我们以表格的形式整理出二者的区别，供大家在使用中参考。

项目九

文 种 区 别	通 知	通 报
中心事项	传达事项、批转转发	表扬先进、批评错误 传达交流重要情况
告知内容	工作情况、共同遵守执行的事项	教育样板、相关精神及情况
目的要求	告知事项、布置工作等	了解情况、教育读者
表现方法	灵活、具体	定性、评议
发文时间	事前	事后

 情境训练

广西 ×× 大学文件

广 × 院政人事〔2021〕2 号

关于给予岳 ×× 同志批评处分决定的通知

根据广 × 院《广西 ×× 大学教职工请假暂行规定》第二十九条第三款，对我校艺术设计系辅导员岳 ×× 进行批评处罚。该同志在未经学院批准的前提下，擅自离岗并于 2021 年 12 月 25 日私自出境至今未归，且离岗期间未履行请假手续，违反了学院管理规定。

经研究，决定对岳 ×× 同志予以全院通报批评，取消其本年度评优资格，从离岗之日起停发其工资待遇。

希望全体教职工引以为戒，严格遵守学院规章制度。

广西 ×× 大学

2021 年 1 月 12 日

 问 题

1. 上述材料所使用的通知文体是否合适？为什么？

2. 根据上述材料，撰写一个规范的通报。

任务二

请示、报告有区别

场景三：小于学习能力很快，经过一周的工作锻炼，渐渐熟悉了公文写作基本内容，但是她最近总听到一句熟悉又陌生的话："这个事我决定不了，你请示领导吧！""你要的这些办公经费得给领导打报告，领导批了才能办理……"虽然这个道理谁都能想明白，有事找领导，领导批了才能执行。可是怎么写请示？如何打报告呢？听单位前辈说过一句话："事情成败取决于报告好坏。"小于开始陷入深思：为什么都是写请示与报告，有的人从领导办公室出来就是"春风得意马蹄疾"，有的人出来就是"愁云惨淡万里凝"呢？这么重要的问题，其中奥秘不弄清楚小于可睡不着觉，大家快来帮帮她，治疗一下她的"失眠症"吧！

关于推进医保工作所需办公经费的请示

×××区社保局：

2021年我镇在区委区政府的正确领导下，在劳动与社会保障局的指导下，以科学发展观为指导，紧紧以"关注民生、服务大局、构建和谐"为工作着力点，努力建设和谐劳动与社会保障工程，突出抓好就业与培训、社会保障等重点工作，牵头研究政策，搞好综合协调和业务管理，做好城镇居民参保的舆论宣传工作，不间断地下村解读镇居民医保的相关政策；通过不懈努力，今年已全面完成上级下达的年度目标任务，为我镇的经济社会和谐发展作出了积极贡献。但为了确保各项工作更上台阶，我镇社保站办公设备已经不能满足日益增长的医疗保险工作需求，因此，为了认真做好各项基本医疗保险工作，积极推进城

镇居民基本医疗保险工作。现申请办公经费三万元，用于采购办公桌椅、电脑、打印复印机等设备的经费。特此请示，请批准为盼。

申请人 ×××

2021 年 1 月 21 日

你认为上述请示可以用报告的形式来写吗？为什么？

知识讲解

请示、报告及其写作

一、请示

（一）请示的含义及分类

请示是下级机关向上级机关请求决断、指示、批示或批准事项所使用的呈批性公文，是典型的上行文。凡是本机关无权、无力决定和解决的事项均可以向上级请示，而上级则应及时回复。请示从内容上可分为以下三种。

1. 求示性请示

求示性请示也叫政策性请示，主要作用是寻求上级领导的指示。当下级机关需要上级机关对原有政策规定作出明确解释、对变通处理的问题作出审查认定、对如何处理突发事件或新情况、新问题作出明确指示时，可以用请示发文。

2. 求批性请示

求批性请示也叫事务性请示，主要作用是请求领导批准，如请求批准有关规定、方案、规划；请求审批相关项目、指标；请求批转有关办法、措施等。

3. 批转性请示

批转性指示是指下级机关就某一涉及面广的事项提出处理意见和办法，需各有关方面协同办理，但按规定又不能指令平级机关或不相隶属部门，需上级机关审定后批转执行。

（二）请示的特点

与其他公文相比，请示具有以下明显特点。

1. 双向性

请示是上行文，呈报给领导审阅后会得到领导的批复，所以与批复相对应，具有双向沟通的作用。

2. 单一性

为了便于领导批复，请示必须一文一事。它是指每则请示只能要求上级批复一个事项，解决一个问题，请示忌讳一文多请。

3. 事前行文

请示是征求领导同意后方可执行，所以应在问题发生或处理前行文，不可先斩后奏。

4. 可行性

请示中提出的请予批准的要求，应切实可行。

（三）请示的写作方法

请示一般由标题、主送机关、正文、落款和附注五部分组成。其各部分的格式、内容和写法要求如下。

1. 标题

请示的标题有两种形式：一种是由发文机关名称、事由和文种构成，如《××市公安局关于××××××的请示》；另一种是由事由和文种构成，如《关于邀请法律人士到社区开展普法活动的请示》。

2. 主送机关

请示的主送机关是指负责受理和答复该文件的直属上级机关。请示只能写一个主送机关，不能多头请示。

3. 正文

正文一般由开头、主体和结语三部分组成。

（1）开头主要交代请示的缘由，它是请示事项能否成立的前提条件，也是上级机关批复的根据。原因讲得客观、具体，理由讲得合理、充分，上级机关才好及时决断，予以有针对性的批复。

（2）主体主要说明请求事项，这部分内容要单一，只宜请求一件事。事项要写得具体、明确、条项清楚，以便上级机关给予明确批复。

（3）结语应另起段，习惯用语一般有"当否，请批示""妥否，请批复""以上请示，请予审批"或"以上请示如无不妥，请批转各地区、各部门研究执行"等。

4. 落款

落款一般包括署名和成文时间。标题如包含发文机关，落款处可不用再署名，但需

加盖单位公章。

二、报告

（一）报告的含义及种类

报告是下级所在单位向上级机关汇报工作、反映情况、提出意见或者建议，以及答复上级机关询问的陈述性公文，属上行文。报告与请示类似，也是应用写作实践中的一种常用文体。

根据报告对象的不同，报告的内容一般分为以下几类。

1. 工作报告

工作报告是向上级机关或重要会议汇报工作情况的报告。它主要用以总结工作，反映某一阶段、某个方面贯彻落实政策、法令、批示的情况。

2. 情况报告

情况报告用于向上级反映工作中的重大情况、特殊情况和新动态等。这种报告便于上级机关根据下级情况，及时采取措施，指导工作。

3. 建议报告

建议报告是指根据工作中的情况动向和存在问题向上级机关提出具体建议、办法、方案的报告。

4. 答复报告

答复报告是针对上级机关向下级机关提出询问或要求，经过调查研究后所做的陈述情况或者回答问题的报告。

5. 递送报告

递送报告是以报告的形式，向上级呈报其他文件、物件的说明性公文。

（二）报告的特点

1. 内容的汇报性

所有报告都是下级向上级机关或业务主管部门汇报工作，让上级机关掌握基本情况并及时对自己的工作进行指导，所以，汇报性是"报告"的一个大特点。

2. 语言的陈述性

陈述性是指采用平铺直叙的方法进行客观陈述，向上级讲述工作内容、具体方案、存在问题、经验总结、工作计划等。

3. 行文的单向性

报告是下级机关向上级机关的行文，是为上级机关进行宏观领导提供依据，一般不需要受文机关的批复，属于单向行文。

4. 成文的事后性

多数报告都是事后或事中行文，即在结果出现后向上级机关作出的汇报。

5. 双向的沟通性

报告虽不需批复，却是下级机关取得上级机关支持、指导的桥梁，同时上级机关也能通过报告获得信息、了解下情，成为决策指导和协调工作的依据。

（三）报告的写作方法

报告的写作遵循常用公文的写作规范，一般由以下几个方面组成。

1. 首部

首部主要包括标题和主送机关。

标题常见的形式有两种，一种是由发文机关、事由和文种构成，如《xx 政府关于2022 年度扶贫工作的报告》；另一种是由事由和文种构成，如《"南水北调"工程实施过程报告》。

报告的主送机关可以是一个，也可以是几个。主送机关顶格，按照级别顺序写于文首，其后用冒号。

2. 正文

报告的正文一般由开头、主体和结语组成。

（1）开头，主要交代报告的缘由、目的、根据，语言概括凝练，段末常用"现将××情况报告如下"等带有过渡性质的句子引入下文。

（2）主体，说明报告事项。它一般包括两方面内容：一是工作情况及问题；二是进一步开展工作的意见。正文内容在写作中要做到情况确凿，观点鲜明，想法明确，口吻得体，不要夹带请示事项。

（3）结语。报告的结尾可展望、预测，亦可省略，但结语不能省，如"特此报告"，即为正文结束后的结语。

3. 尾部

尾部一般包括署名和成文时间，放置在正文的右下角。

（四）请示与报告的区别

"请示"与"报告"作为公文家庭中的重要一员，它们之间既有相似的地方，也有

项目九

很多不同点，试概括如下。

1. 相同点

（1）行文方向相同。二者都属于上行文，是下级机关向上级机关的行文。

（2）行文规则相同。请示、报告不能抄送下级或同级机关。

（3）表达用语相同。请示、报告都要求用具体的事实和确凿的数据叙述，用语明确，语气得体。

（4）公文格式相同。请示报告都使用上行文格式。

2. 不同点

（1）目的不同。报告的目的在于汇报反映；请示的目的是解决问题。

（2）时间不同。报告在工作结束后或工作正在进行中行文；请示在事前行文，不得先斩后奏。

（3）主送机关不同。报告允许多头主送；请示不允许多头请示。

（4）事项的多少不同。报告的事项可以是一件，也可以是多件，如专题报告和综合报告；请示的内容必须遵循"一文一事"的原则。

（5）答复的形式不同。报告不要求上级机关回复；而请示则要求上级机关及时批复回文，给予明确答复。

 情境训练

假设你是一位××机关的××项目负责人，正在办理项目相关业务，你需要向单位申请一笔经费用于带团赴外地考察，请就此情境下写一篇请示文章。

模板：

×××× （单位）关于×××××× （事由）的请示

××××（主送单位）：

为了××××××（目的），根据××××××（依据），我单位拟××××××（意图主旨）。现将有关情况和我们的意见报告如下：

一、××××××（基本情况）。

二、××××××（请示事项的必要性和可行性及其意义）。

三、××××××（具体方案和请示事项）。

妥否，请示。

（印章）

××××年×月×日

（联系人及电话：×××　××××）

 **问题**

1.请你以办公室秘书的身份向主管领导写一个请示。

2.考察结束后，请你把这笔经费的使用情况向主管领导提交一份报告。

9-3

任务三　　　　　　　　　　会议纪要须规范

　　场景四：9月28日下午，赵主任在办公室三楼会议室主持召开了服务人民群众专题会议。到会的有×××局长、×××处长，以及保障处、办事处等19个部门的领导。会议充分肯定了志愿服务的重要性，并研究讨论了近期要求完成的几个方面的工作。小于作为秘书参会旁听。开会前领导看到小于便说道："你做好本场会议的记录，会后尽快提交给我一份会议纪要，注意真实准确。"小于本来放松的心情一下变得紧张起来。会议纪要头一次接触，领导们发言都很快根本来不及写完他们说的话，会议越进行小于越焦虑，急得像热锅上的蚂蚁，同学们我们该怎么帮帮她？

 **案例导入**

　　小于请教了办公室的前辈，前辈举了下面这个例子，大家一起来帮她分析一下吧！

会议纪要

会议名称：2022年度××部门文化工作建设工作会议

时间：2022年1月21日上午10：00

地点：公司三楼会议室

主持人：×××

参加人员：×××、×××、×××、×××、×××、×××、××× 等

　　　　共 13 人

记录员：×××

　　会议首先听取了 ×× 管理处、×× 管理处、2021 年工会工作总结汇报，对本部门 2021 年全年整体文化推进工作进行了总结。

　　会议讨论了 2021 年的部门文化建设要做好三件事和抓好两个工作重点。三件事指的是：×× 服务伴你行活动的推广工作；办好职工运动会；搞好劳动竞赛。两个工作重点指的是：争创省级模范职工之家和创立省级"青年礼貌号"。特别强调要加强女职工的号召引导工作，为此会议提出如下要求：

　　1. 按工会基础工作、党团建、职工岗位培训、专项申请四部分，补充完善部门企业文化活动计划，由综合事务部拟稿，并提交到领导班子进行讨论。

　　2. 制订 ×× 部门工作会议制度，要求两个基层每季度定期召开一次职工工作委员会议，总结本季度的工作情景和下季度的工作计划。

　　3. 做好文化宣传工作资料的归档保存工作，对每次的工作情景（包括通知、实施办法、结果、图片等）要及时保存，并交到 ×× 处统一归档。

　　4. 准备成立 ×× 部门女职工委员会，由 ×× 处拟稿。

　　会议对近期工作做了统一部署安排，由综合事务部于本周五前提交 2022 年度部门文化工作建设方案。

×× 部门

2022 年 1 月 23 日

课堂讨论

1. 你知道会议记录该如何做吗？

2. 你知道会议记录与会议纪要之间的关系吗？

知识讲解

会议纪要及其写作

　　常言道："小问题开大会，大问题开小会，没问题开例会。"虽然是一句玩笑话，但是开会作为沟通工作的一种方式，在任何企事业单位里都常见。如果会议内容比较重要，撰写会议纪要就必不可少，所以，有必要学会如何撰写会议纪要。

一、会议纪要的含义及分类

会议纪要是根据会议记录和会议文件以及其他有关材料加工整理而成的纪实性公文，它能如实反映会议的基本情况、主要精神以及中心内容。其存在有利于向上级机关汇报工作及对下级机关的工作起具体指导和规范作用。

会议纪要按会议性质可分为以下几种。

（1）办公会议纪要。主要用于记载和传达领导层的办公会议决定和决议事项。

（2）工作会议纪要。用以传达重要工作会议的主要精神和议定事项，有较强的政策性和指示性。

（3）协调会议纪要。用于记载协调性会议所取得的共识以及议定事项，对与会各方有一定的约束力。

（4）研讨会议纪要。主要记载会议研究讨论的主要事项，内容要全面客观，除反映主流意见外，对于不同意见，也应整理进去。

二、会议纪要的特点

（1）纪实性。会议纪要需如实反映会议内容，纪实性是其基本特点。

（2）综合性。会议纪要需对会议中各种材料、与会人员的发言以及会议简报等内容进行汇总，具有综合性。

（3）概括性。会议纪要是对会议主旨及主要成果的整理、提炼和概括。

（4）指导性。会议纪要集中反映了会议的主要精神和决定事项，有利于指导工作。

三、会议纪要的写作方法

1. 标题

会议纪要的标题有两种类型，一是会议名称＋纪要，如《XX市供热问题座谈会纪要》；二是主要内容＋纪要，如《关于落实关爱残障退役军人问题的会议纪要》。

2. 开头

开头要简单明了介绍会议的概况，如会议召开的形势和背景、会议的指导思想、目的要求、名称、时间、地点、与会人员、主持者、主要议题或解决什么问题、对会议的评价。但根据会议的性质，这几个方面并不需要全部具备，而是由发文机关根据情况灵活采取。

3. 正文

正文是纪要的主体部分，是对会议的主要内容、主要精神、主要原则以及基本结论和今后任务等进行具体的记录，通常有三种写作方法。

项目九

（1）集中概述法。把会议的基本情况、讨论研究的主要问题、与会人员的认识、议定的有关事项（包括解决问题的措施、办法和要求等），用概括叙述的方法进行整体的阐述和说明，即为集中概述法。这种写法多用于召开小型会议，而且讨论的问题比较集中单一，意见统一，容易贯彻操作，写的篇幅相对短小。如果会议的议题较多，可分条列述。

（2）分项叙述法。召开大中型会议或议题较多的会议，一般要采取分项叙述的办法，即把会议的主要内容分成几个大的问题，然后加上标号或小标题，分项来写。这种写法侧重于横向分析阐述，内容相对全面，问题也说得比较细，常常包括对目的、意义、现状的分析，以及目标、任务、政策措施等的阐述，一般用于基层需要全面领会、深入贯彻的会议。

（3）发言提要法。把会上具有典型性、代表性的发言加以整理，提炼出内容要点和精神实质，然后按照发言顺序或不同内容，分别加以阐述说明，即为发言提要法。这种写法常用于上级机关了解并收集下级机关对已进行工作的反馈，能较如实地反映与会人员的意见。

4. 结尾

结尾一般是提出号召和希望，但根据会议的内容和纪要的要求，号召和希望方式不一。比如有的是以会议名义向本地区或本系统发出号召，要求广大干部认真贯彻执行会议精神；有的是突出强调贯彻落实会议精神的关键问题，指出发展方向；有的是对会议做出简要评价，提出希望要求等。

 情境训练

随着新学期的来临，校学生会迎来了新的会长，并于 × 月 × 日召开了第一次全员大会，在会上原会长对近一年的工作进行了回顾和总结，并将手中的接力棒交给了新任会长 ××，由 ×× 新会长为大家阐述新学期的工作计划。

 问 题

请你为本次会议撰写一份完整的会议纪要。

 思政在线

关于表彰 20×× 年度先进团体、先进个人的通报

各基层组织：

　　一年来，全市各基层组织及广大党员在 ×× 党委的正确领导下深入学习，贯彻十六大会议精神，大力开展"不忘合作初心，继续携手前进"教育实践活动，紧密围绕突出党员模范带头作用，凝聚共识、凝聚力量，各项工作都取得了新的成绩。这些成绩的取得，得益于各基层组织高度重视精心实施以及全体党员的进取参与。

　　为表彰先进、促进工作，进一步营造各基层组织创优争先、干事创业的良好氛围，经研究决定，对一批成绩突出的先进团体和个人予以表彰。授予 ×× 支部委员会等 3 个单位"综合考评先进团体"荣誉称号；授予 ×× 县支部委员会等 4 个单位"模范争先工作先进团体"。授予 ×× 等 49 名同志"优秀党员"荣誉称号；授予 ×× 等 9 名同志"特殊贡献奖"荣誉称号。期望受到表彰的单位和个人珍惜荣誉、再接再厉，各基层组织和全体党员要学习先进、主动作为、开拓创新，以更加饱满的政治热情和更加扎实的工作作风，继续履行好参政党职能，为深入推进建设现代化区域中心城市做出新的更大的贡献！

×× 党委

20×× 年 12 月 20 日

 讨　论

　　1.请你结合上述材料谈谈党员的模范带头作用是什么？

　　2.作为一名大学生，应当如何在学习生活中发挥党员的模范带头作用？

知识图谱

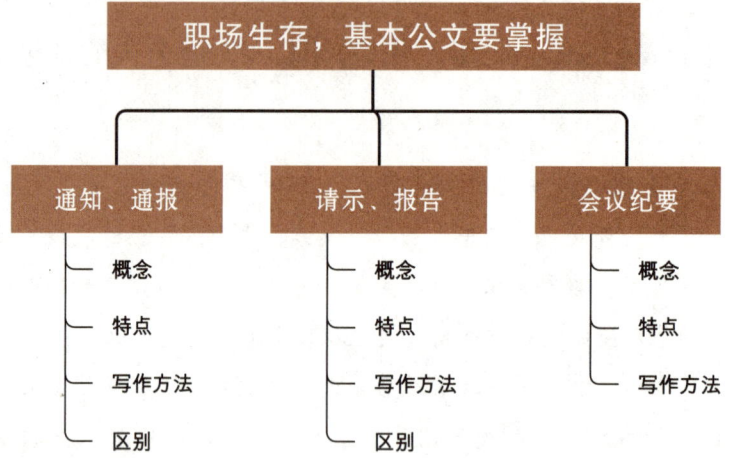

课后作业

　　小于在岗位上工作已经快一年了，在这一年中成长和进步非常快，公文写作能力也在不断的书写锻炼中日益提高，加上她平时工作勤快踏实、吃苦耐劳，领导和同事都很喜欢这个充满活力的小姑娘。领导有意将今年的最佳新人奖颁给小于，这是对她进步的极大肯定。年底了，部门需要梳理近一年来的工作业绩，领导叫来小于，让小于梳理后写成纸质材料给他。这么关键的时刻再加上这么重要的任务，小于可不想出任何问题，她积极整理各项材料，在动手写的环节她陷入了困惑……

任 务

　　1. 小于面临的情况应该用哪一种文体来写作？

　　2. 请你帮助她完成纸质材料的框架搭建，并结合自己本学期的学习情况向老师提交一份"学习报告"。

职业发展，书面报告是刚需

学习目标

1. 了解调查报告的写作方法
2. 掌握总结报告的写作规范
3. 掌握述职报告的写作方法

任务一　　　　　　　　　　　　　　　　　　　　　　**调查报告，要会写**

10-1

案例导入

　　某市在义务教育阶段存在诸多问题，各学区对应的学校招生名额有限，民办院校和公办院校教育资源不均衡。大量市民和外来务工人员子女面临"受教育难"的问题，人民群众对政府教育工作存在争议。

　　如何才能解决这一民生问题？新任市委书记决定把义务教育改革作为施政的突破口。急需调查清楚各区的学校数量、学校的师生比、学区范围内的入学需求、学校的教学质量等，获取最新、最可靠的一手数据，从而对症下药。

　　这一重要的调查任务交到了教育局办公室主任小李的手上。小李接到工作任务后，带领其他几位工作人员，迅速对相关院校展开实地调查。最终，在规定时间内向市委书记提交了一份详尽的《××市义务教育调查报告》。某市政府参考这份调查报告的相关数据，本着实事求是的原则制定了《××市义务教育2019—2021三年提升规划》，真抓实干逐步提高该市义务教育水平……

项目十

1.完成一份调查报告需要做哪些准备工作？

2.小李提交的《××市义务教育调查报告》应该分为几个部分？

知识讲解

调查报告及其写作

一、调查报告的含义

调查报告是对某个问题、某个事件或某方面情况进行调查，将调查收集到的数据、资料进行整理分析所形成的成果性文章。调查报告侧重于用事实说明问题、观点、经验或道理，总体来看是一种说明性的文体，可以公开发表，也可以供企业或政府机关作为处理问题、制定政策的依据或参考。

调查报告概括来说，主要有四个方面的作用：

一是为产品的功能需求或政策的制定等提供事实依据，或提供支撑材料，明确发展方向。

二是澄清存在争议的社会事件，揭露社会问题。

三是传播和介绍成功经验或先进事迹，扶植健康的新事物。

四是培养大众求真务实的精神品质，端正社会风气。

二、调查报告的分类与特点

（一）调查报告的分类

调查报告的适用范围很广，从调查的目的和作用出发，可以将调查报告分为四种类型。

1. 介绍典型经验

某一地区、某一单位或某一企业，在贯彻落实党和国家的各项方针政策过程中，在日常的思想政治、经济建设、科学教育等方面取得了突出的成绩。为了把它们的具体做法和成功奥秘反映出来，对它们进行专题调查，所写的调查报告就称为介绍经验的调查报告。例如，《关于国有大中型企业推行承包制的调查报告》。

2. 揭露存在问题

此类调查报告是针对某一特定问题展开调查，探究问题产生的原因和造成的结果，从而提供解决问题的思路或方法。例如，《民办大学教育问题调查报告》《河南郑州"7·20"特大暴雨灾害调查报告》。

3. 关注新生事物

针对社会现实中某种新近产生或新近有了长足发展的事物而写的调查报告。报告中需全面报道这一新生事物的产生背景、特点和情况等，分析它的性质和意义，指出它的发展规律和前景。

4. 反映社会情况

这里的社会情况主要指社会风气、民众意愿、婚恋、赡养、衣食住行等群众生活各方面的基本情况，与百姓生活密切相关，也是群众最为关心的一些实际问题。例如，《"如何看待社会跟风现象"调查报告》《中老年人抖音短视频使用情况调查报告》《东北三省独生子女家庭的养老问题调查报告》。

了解调查报告的不同类型，有助于调查者明确调查角度和目标，从而合理选择调查方法，最终完成一份合格的调查报告。

（二）调查报告的特点

调查报告不是信手拈来，个人或单位必须本着实事求是的原则，确保调查数据的准确性和真实性，这样得出的调查报告才具有参考价值。无论是上述哪一类型的调查报告都要遵循以下四个方面的特点：

1. 针对性

调查报告一般有比较明确的出发点，相关的调查、分析都是针对和围绕某一综合性或专题性问题展开的，反映的问题必然集中而有深度，不可随心所欲，泛泛而谈。

2. 写实性

调查报告是在占有大量现实和历史资料的基础上，用叙述性的语言实事求是地反映某一客观事物。充分了解实情、全面掌握真实可靠的素材是写好调查报告的基础。

3. 逻辑性

调查报告不是材料的机械堆砌，而要对真实的数据和发生的事实等进行严密的逻辑论证，探明事物形成或产生的原因，预测事物发展变化的趋势，从而得出科学的结论。

4. 时效性

调查活动是针对当下的问题展开，在特定的时间范围内开展并完成。所写的调查报告是为了反映当下存在的实际情况或问题，及时有效地提出解决措施或经验。

三、调查报告的写作方法

（一）调查准备要做好

通常，撰写调查报告前需要完成三个主要步骤：前期准备工作、选用调查方法、资料整理阶段，如图 10-1 所示。

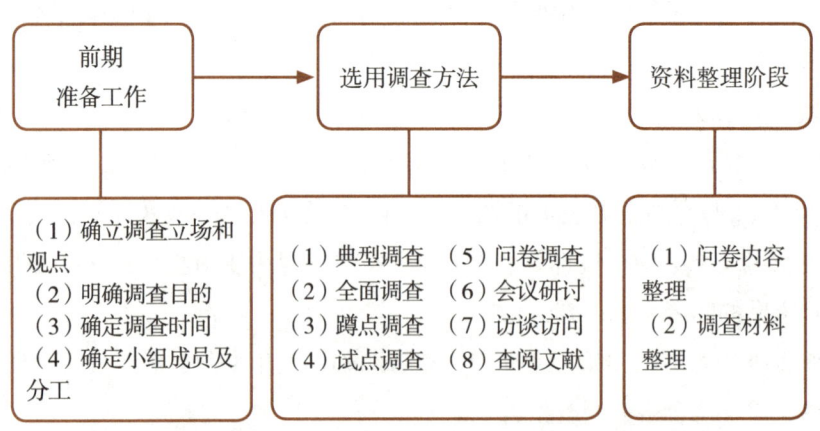

图 10-1

通过案例，了解一下国家统计局在撰写调查报告前都做了哪些工作?

国家统计局在撰写 2020 年"居民消费调查报告"前，采用分层、多阶段、与人口规模大小成比例的概率抽样方法，在全国 31 个省（区、市）的 1800 个县（市、区）随机抽选 16 万个居民家庭作为调查户。

国家统计局派驻各地的直属调查队按照统一的制度方法，组织调查户记账采集居民收入、支出、家庭经营和生产投资状况等数据；同时按照统一的调查问卷，收集住户成员及劳动力从业情况、住房与耐用消费品拥有情况、居民基本社会公共服务享有情况等其他调查内容。数据采集完成后，市县级调查队使用统一的方法和数据处理程序，对原始调查资料进行编码、审核、录入，然后将分户基础数据直接传输至国家统计局进行统一汇总计算，汇总结束后对数据分析并撰写调查报告。

（二）撰写调查报告

调查报告的结构通常由标题、正文（包括前言—主体—结尾）、落款三个主要部分构成。

1. 标题

调查报告的标题主要概括为两种形式：

第一种：规范化标题格式。由"调查对象+文种名称"构成，基本格式为"××关于××××的调查报告""关于××××的调查报告""××××调查"等。

第二种：自由式标题。包括陈述式、提问式和正副标题结合式三种。例如，《三个孩子去蛇岛》《儿童究竟需要什么读物？》《明晰产权起风波——对××市一集体企业被强行接管的调查报告》。

2. 正文

（1）前言。调查报告的前言在文本中起到画龙点睛的作用，要精练概括，直切主题。常用的有以下四种类型：

第一种：提要式。把调查对象最主要的情况进行概述总结后写在前言部分，使读者一入篇就对它的基本情况有一个大致的了解，具体内容包括调查对象的历史背景、大致发展经过、现实状况、主要成绩等。例如，《某汽车集团有限公司授信客户调查报告》。

> 某汽车集团有限公司，注册资本24540万元人民币，公司始终坚持标准化、规范化的企业管理，建立公司管理制度，并顺利通过ISO9001质量管理体系认证。某汽车公司秉承"全心投入，争创一流"的企业精神，遵从"以人为本，开拓创新，提高品质，增进效率，努力成为行业主导企业，使投资者获得最大回报"的公司宗旨，依靠"以客户为中心，创造和提升客户价值，使每一位顾客都满意"的服务理念，凭借优秀管理团队、完善的经营设施、健全的网络渠道、雄厚的资源优势，销售业绩稳居当地汽车贸易行业首位。

第二种：概述式。前言部分可以根据调查需要，选择性地简单交代调查的目的、时间、地点、范围、方法、背景、经过、对象等，使读者在入篇时就对调查的基本情况和整体过程有所了解。例如，《南京市全民义务植树情况调查报告》。

> 为了努力打造青山常在、绿水长流、空气常新的美丽城市，南京市多年来组织了一系列全民义务植树活动，逐步提高全民爱绿护绿意识，营造全社会支持参与义务植树的浓厚氛围。今年是我国开展全民义务植树运动40周年，3月12日也是第43个植树节，南京市组织了内容丰富多彩的线上线下活动，鼓励群众通过造林绿化、认种认养、抚育管护等丰富多样的尽责形式履行植树义务。为深入了解南京市全民义务植树情况，于2021年3月9日至2021年4月9日在全市范围内就"全民义务植树情况"进行调查。

项目十

第三种：结论式。 先就调查的情况、问题和事宜等在前言部分做出结论，然后在正文中分别加以详细的叙述和分析，如《河南郑州"7·20"特大暴雨灾害调查报告》。

> 调查认定，河南郑州"7·20"特大暴雨灾害是一场因极端暴雨导致严重城市内涝、河流洪水、山洪滑坡等多灾并发，造成重大人员伤亡和财产损失的特别重大自然灾害。

第四种：问题式。 在前言部分采用提问的方式引出问题，也可以直接将问题摆出来，引起读者对调查课题的关注，促使读者思考，如《石家庄市雾霾情况调查报告》。

> 新学期开始，但是石家庄还是依旧的雾霾不断，给市民的生活和出行造成了很大影响，同时也对人们的身体健康造成了极大伤害。那么，到底是什么原因造成的空气污染呢？又怎样去治理这种污染呢？群众又有什么反应呢？为此，我们学院在团委书记的带领下对石家庄市区以及周边的农村进行了关于雾霾的问卷调查。

（2）主体。调查报告的主体是前言的引申和开展，也是结论的根据所在。这部分需要详细叙述调查研究的基本情况、做法、经验，或分析调查研究所获材料，得出相应的观点和结论等，内容复杂、材料丰富。在写作中尤其需要注意结构的安排，其常用的结构形态有三种。

第一种：以时间为依据。 按照事物"发生—发展—结局"的先后顺序安排内容，主体部分以时间为主线展开记叙，构成相互衔接的几个层次，把事物的发展过程报告清楚。让读者抓住全貌，得到方向性、指导性的经验教训。例如，《暗访北京站前发票非法交易》中以时间为主线叙述了下列内容：

> 12月6日15时35分，记者在北京站东侧出站口遇到第一个卖发票的人。
> 过马路前，又遇到四五个卖发票的小伙子。
> 过马路后，被一个穿棕色皮衣的卖发票者拦住纠缠难以脱身。
> 在站前丁字路口东北侧又遇到几个卖发票的男女。

第二种：以材料为依据。 若调查报告的材料比较分散、繁杂，主体部分可根据材料的不同性质进行归纳分类，每一类构成一个层次，加小标题分层论述。使文章条理清晰、观点突出。例如，《广州城市居民消费行为与生活质量研究》中关于"广州城市居民消费行为分析"（节选）。

（一）食品消费更加注重质量

（二）衣着消费趋向时尚个性

（三）居住消费成为居民消费热点

（四）交通通信消费比重上升

（五）耐用消费品消费不断升级

（六）文化娱乐成为居民重要消费领域

第三种：以结论为依据。 前言部分先表明调查的结论或结果，主体部分要围绕该结论或结果展开叙述，所形成的基本观点用小标题分层串联。例如，《河南郑州"7·20"特大暴雨灾害调查报告》中对"特大暴雨灾害"调查结果的分析（节选）。

二、灾害应对处置

（一）应对部署不紧不实

（二）应急响应严重滞后

（三）应对措施不精准不得力

（略）

三、相关地方党委政府及其部门单位责任问题

（一）地方党委政府

（二）相关部门

（三）有关企事业单位

（略）

（3）结尾。结尾即调查报告的结束语，对正文的内容进行整体概括和升华。常见的结尾方式有四种：

第一种是概括全篇，主旨鲜明。 结尾处对调查报告的内容进行概括总结，将观点旗帜鲜明地表达出来，为读者提供明确的导向，增强报告的感染力和说服力。

第二种是分析问题，提出建议。 在肯定成果的前提下，揭示存在的问题或不足，针对问题提供一些可行的、具有参考价值的意见或建议。

第三种是欲言又止，启发思考。 如果一些问题还没有引起大多数人的关注，或限于各种因素的制约作者本人也无法提出有效的解决策略，报告中只需要明确指出问题或点明发展趋势即可。这种"留白式"结尾能够有效引起读者的关注和思考，激发探索的兴趣和欲望。

第四种是展望未来，鼓舞斗志。 结尾处指出未来发展方向，鼓舞斗志，给人以希望，激发起人们的行动力。

项目十

好的结尾能够加强读者对报告内容的整体感知，有启发和感染读者的效果，在调查报告的写作中不容忽视，同时也要避免结尾内容和前言雷同。

3. 落款

在正文的右下角，明确作者的单位名称、个人姓名以及成文日期。

 情境训练

2021年经过全党全国各族人民持续奋斗，我国实现了第一个百年奋斗目标，在中华大地上全面建成了小康社会，紧接着开始全面实施乡村振兴战略。

其中，乡村教育是积极推进乡村振兴的重要因素。只有优秀的教师队伍才能培养出优秀的战略发展人才。鉴于此，中国农村教育发展研究院决定对陕西、宁夏、甘肃等西北五省份的乡村教师群体进行调查研究，深入了解该群体的工作和生活状况、收入水平等。

 问 题

1. 如果你是调查负责人，你将会采用什么调查方法开展调查？
2. 请结合相关的调查内容，为该调查负责人编制一份调查问卷。

10-2

任务二 ▶ 总结报告，要掌握

 案例导入

2021年底，市政府组织下属单位撰写2021年工作总结报告，市教育局接到文件后，安排办公室主任小李完成撰写任务。

小李结合市政府对教育局本年度的考核目标，先调查重点工作的推进状况，再咨询各部门下一年度的工作计划，多方整理资料后开始撰写总结报告。后经教育局各部门提交意见，修改完成后交由局长审批，定稿后上呈至市政府办公室。

在市政府年度总结大会上，市教育局获得了嘉奖，并表示2022年一定会朝着计划前进，再接再厉，再创新高。

项目十

1. 市教育局的工作总结应包含哪些方面的内容？

2. 市教育局在制订下一年度工作计划时，要综合考虑哪些因素？

总结报告及其写作

"前事不忘后事之师"，每当我们完成一段时间的社会实践后，就需要认真地对过去这一阶段的工作、学习或生活进行回顾和思考，做出有价值的评判，以便更好地指导今后的实践，引领未来的发展方向。这一反思的过程正是总结的具体体现。

一、总结报告的含义

总结报告是对一定时期内的工作加以总结、分析和研究，肯定成绩，找出问题，得出经验教训，摸索事物的发展规律，用于指导下一阶段工作的一种书面文体，如工作报告、工作总结、经验交流材料等。它所要解决或回答的中心问题，不是某一时期要做什么、如何去做或做到什么程度，而是对某种工作实施结果的鉴定和结论，是对以往工作实践的一种理性认识。

2020 年 1 月 13 日，一场别开生面的营销大会在京召开。参会人员在会上随机做总结报告发言，无一不乐在其中、获益匪浅。

会议上，张总做相关发言：

首先，他强调了工作总结是做给自己的，要从中了解工作差距，从而"定好位，做正确的事"；其次，他告诫大家要"用功劳证明你的价值，把苦劳放在心里；隐藏你努力的狼狈，展现你成功的优雅"。他强调 2019 年工作中的最大问题是都指向他人，谅恕自己，希望大家都能够总结 2019，责己恕人。

最后，在回顾完 IMOLA 品牌的经营发展历程之后，张总向员工公布了集团的业务变革，同时宣布新一年北京市场的组织结构调整。旨在以客户为导向，焕发组织活力，拓展市场，激活个人，形成赛马机制，优质资源匹配优质人才，让价值最大化。

与会的很多员工也自主上台，分享了自己的年终总结报告……

当被记者问到"是否事先想好要哪个员工上台分享"时，张总坦然地回答，

"确实没有安排，完全随机。这样能够反映出更多真实的问题，也能够于个性中见共性，以此让其他销售人员进行自我对照、自我剖析。"

根据上述案例，总结报告作为各项工作的收官之作，是将工作中的感性认识通过文字叙述上升到理性经验的必由之路，没有哪一个企业不重视这一环节。

（一）对报告者来说，总结报告是"自主驱动"

一方面，个人通过总结中的数据分析、经验归纳或理论升华等对比工作前后的差异，认识缺点、错误产生的原因，发现规律，明确下一步的工作方向和目标规划。

另一方面，个人在不断总结中主动培养自身应对变化的勇气和能力，以不变应万变，待机会来临时才有可能大放异彩，让 Boss 眼前一亮。

（二）对企业或单位来说，总结报告是一场别开生面的"大阅兵"

通过总结报告，领导能近距离接触自己的员工，发现明珠，鉴别人才。总结报告还能够反映出更多真实的问题，有助于领导把握大局，推动企业后期改革与发展，提高企业的市场竞争力。

二、总结报告的分类与特点

（一）总结报告的分类

总结报告根据其划分角度不同，可大致分为以下类别。

表 10-1

划分角度	总结报告的种类
按内容划分	思想总结报告；经济总结报告
按范围划分	地区总结报告；部门总结报告；单位总结报告；个人总结报告
按时间划分	月份总结报告；季度总结报告；年度总结报告；三年以上总结报告
按性质划分	综合性总结；专题性总结

其实在实际的应用中，总结报告的分类多数是相互交叉的，常用的类别统称为工作类总结报告。

（二）总结报告的特点

总结报告的特点主要有以下四个方面。

项目十

202

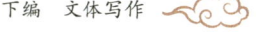

1. 客观性

总结报告是对自身以往工作的全面回顾，所列举的事例、数据和情况等都必须完全可靠、确凿无误，计划也要切合自身的工作方向，具体可行、落到实处，任意夸大或缩小的叙述都会使总结报告失去原本的意义和价值。

2. 典型性

总结报告提出基本的、突出的、本质的、有规律性的经验教训或结论，在日常的学习、工作和生活中很有现实意义，具有鼓舞、针砭等作用。

3. 指导性

总结者必须从理论的高度概括方式方法、有效成果或经验教训，不能仅仅停留在感性层面，要正确反映客观事物的本来面目，辩证地看待正反两方面的经验，实事求是得出规律性认识，使其成为之后行动的依据和指南。

4. 证明性

总结者需要用自身实践活动中真实的、典型的材料，来证明它所指出的各个判断或结论正确与否。

三、总结报告的写作方法

总结报告的种类有很多，此处主要介绍常用的工作类总结报告的写法。通常由标题、正文（包括前言—主体—结尾）、落款三大要素组成。

（一）标题

总结报告的标题大体上有两种构成形式。

第一种：公文式标题。由单位名称、时间、内容和文种构成，也有的直接写《工作总结》。例如，《××村202×年度党建工作总结》《××市政府办事处2021年人员培训情况总结》《××公司202×—202×年下半年年终销售情况总结》《××大学××学院202×—202×第一学年教学工作总结》。

第二种：非公文式标题。此类标题形式比较灵活，有的是单行标题，如《三年来的改革与成长》《只要经验足，来年必进步》。有的是双行标题，即正副式标题，其中正标题一般是将总结的结论归纳成论断式语句，或者将总结的核心内容揭示出来，副标题则按照陈述式标题写作。例如，《团结拼搏出成绩　严格管理结硕果——××大学202×年招生工作总结》《努力发挥党员在改革中的先锋模范作用——××党组织202×年度工作总结》。

项目十

（二）正文

正文通常由前言—主体—结尾三部分内容组成。

1. 前言

简明扼要地对所要总结的工作进行基本概述。通常包括该工作从什么时候开始、分几个阶段完成，对该工作最初的理解和认识、采取行动的依据、主客观方面的条件等。

> ### ×××实习工作总结
>
> 2021年8月—2022年1月，我在西安市××××中学实习。主要的工作任务是担任初一（3）班的书法课老师，并辅助班主任管理班级。实习目的是通过理论联系实际，巩固校内所学知识，提高教学和班级管理能力，为毕业设计的顺利进行做好准备，也为后期找工作打下坚实的实践基础。下面是本人对此次实习的总结。

这部分可先亮出结论性的意见，做简短的总评价；如果写常规性工作总结，或者非专题、非专项工作的年终总结，这部分可以非常简单，只需一两句话交代总结的背景，引出下文。前言总体做到文字精练，直奔主题。

2. 主体

主体部分内容是工作总结报告的核心部分，主要由下列四个方面组成。

基本情况——陈述工作进程中或完成任务指标过程中的具体做法、基本出发点、效果等，采用边叙边议的写作手法。

总体成绩——归纳在工作过程中取得的良好成绩，尤其是具有指导意义和认识价值的、带有规律性的成果，必要时可以引用相关的政策法规，使总结达到一定的理论高度。

不足和教训——取得成绩和经验的同时一定还存在着某些不足或教训，有些是主观努力不够，有些属于客观条件的制约，也有些属于两者兼有。可以在主体部分如实说明工作情况和现有条件，也可从理论高度分析原因，指出具有参考价值的经验或教训。

未来计划——在成绩、经验、教训的基础上要明确未来工作方向，提出改进措施与意见，必要时制订出下一阶段或新一年的工作计划，表明今后工作的信心与决心。

正文主体部分的内容并没有固定的模式，可以根据总结内容的不同，灵活掌握主体部分的侧重点和结构安排。

项目十

某市教育局 2020 年工作总结

今年以来，市教育局在市委、市政府的坚强领导下，以习近平新时代中国特色社会主义思想为指导，深入贯彻落实党的十九大以及全国、全省、全市教育大会精神，推动某市教育科学均衡高质量发展，努力建设教育强市。现就2020 年主要工作总结如下：

一、强化政治理论学习，做好党建工作（略）

二、打造特色教育体系，推动教育协调优质发展

（一）增强学位供给能力。（略）

（二）规范发展学前教育。（略）

（三）积极推行课堂教学改革。（略）

（四）创新实施"名校＋"改革。（略）

（五）不断加强师资队伍建设。（略）

（六）义务教育基本均衡发展督导工作。（略）

（七）校园安全工作。（略）

三、全力推进《义务教育 2019—2021 三年提升规划》，保障重点任务落实

市教育局全面落实全市教育"三年提升规划"，立即行动、全局发力，在相关部门的支持配合下，深入摸排调查、制订方案、逐项扎实推进，全力破解"入学难"问题，加快教育强市建设。

（一）完成办公室建设工作。（略）

（二）保障重点任务扎实推进。（略）

四、存在的突出问题

（一）入学压力不断增大。（略）

（二）教育资源供给不足。（略）

（三）教师缺员现象依然突出。（略）

五、下一步工作思路

我们将继续扎实推进三年提升规划重点任务，坚持"补短板、抓改革、促均衡、解难题、强素质"的发展思路，推动市教育科学均衡高质量发展，努力建设教育强市。

（一）加快推进基础设施建设。（略）

（二）深入推进教育领域综合改革。（略）

项目十

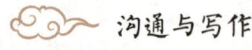

（三）多措并举缓解教师紧缺问题。（略）

某市教育局

×年×月×日

部分单位也会将总结报告作为年度奖惩的参考凭据，如何才能让自己写的总结报告出彩，真正发挥"鉴往""明来"的作用？主体部分的写作很关键。

（1）明确年度工作中的核心事件，突出业绩。核心事件可结合自身岗位、部门考核指标或考核内容来找，或者侧重于领导关注的问题及自己在日常工作中表现较为出色的事件。

（2）用数据说话，专业且清晰。总结中多用一些数据或量化的数字、对比图、文字说明做论据，能够让领导在短时间内一目了然，同时彰显个人的专业能力。但是，空洞的数据罗列是枯燥的，要善于利用数据和图表进行总结和对比分析。例如，"公司下达的销售任务指标300万元，实际完成340万元，超额完成任务40万元。市场占有率为同行业的35%，与去年相比增长了12%，具体原因如下……"

（3）体现出细节，以小见大。总结中适当通过一些重大事件的细节描述，赢得领导的关注和重视，领导是公司的决策者，定方向、抓全局，他们也需要借助员工的真实反馈把握"民情民意"，假大空的言论必然不堪一击。

3. 结尾

此处可以概述全文，重申主体要点或提出希望、发出号召，表明今后更进一步的决心，也可以自然收尾，点明要点。

（三）落款

落款包括署名和日期，一般在正文右下方署名，署名下方标明成文时间。如果标题中已写明单位名称，落款中可以省略不写。

情境训练

教育局人事科主要工作内容包含以下几个方面：

（1）负责宣传、贯彻、执行党和国家人事工作的方针、政策，研究制订区教育局人事制度改革的规划和实施方案，逐步建立科学化、规范化的人事管理制度。

（2）会同编制部门核定各校园人员编制，综合管理各单位教职工的合理调配，并办理调动、交流、辞职等相关手续。

（3）会同人社部门完成各校园人员的招录工作，指导各校园合法用工，建立健全

在编教师和编外聘用教师的管理制度。

（4）负责教职工专业技术职务评聘工作。

（5）负责师资队伍的继续教育和教师的培养、培训工作。

（6）负责教职工的工资调整、绩效、伤葬抚恤等福利的审核与报批工作。

（7）负责办理教职工正常退休、提前病退等手续及办证工作，全面落实离退休老干部工资福利待遇及相关政治待遇等问题。

（8）负责教职工信息年报、工资年报和编制年报工作。

（9）负责教职工人事档案的管理工作。

 **问 题**

1.如果你是教育局人事科科长秘书，你的工作总结报告应重点突出哪几个方面的内容？

2.收集相关资料，以人事科秘书身份，制订一份来年的工作计划。

10-3

任务三 ⟶ 述职报告，要熟悉

因为工作成绩优异，经市政府推荐、市人大常务委员会批准，小李同志被提拔为市教育局局长。

任职后，李局长研究制订本局近远期工作计划和目标，组织协调各副局长和科室深入实际，搞好调查研究，深化教育改革，总结推广先进经验，不断提高教育质量和办学效益。

年终，市人大常务委员会举办政府部门述职大会。李局长结合任期内取得的工作成绩、存在的问题和今后的设想，向市人大常务委员会述职。与会评委对李局长的述职报告进行打分评定，并对教育局下一步的工作部署提出了相关的意见和建议。

1. 分析述职报告的应用场景和撰写目的。
2. 如果你是一名公职中层人员，你将从哪几个方面撰写述职报告？

知识讲解

述职报告及其写作

《孟子·梁惠王》中有记载："诸侯朝于天子曰述职。述职者，述所职也。"即各地诸侯向周天子陈述职守，报告任职情况，那时还仅是口头之"述"。直至秦始皇统一六国，才开始正式要求朝廷大臣和地方郡县吏用书面的形式向皇帝述职。后来，经过长期的演变和发展，述职报告成为一种固定的公文文种，被行政部门广泛应用。

一、述职报告的含义

述职报告是党政机关、企事业单位、人民团体的干部为接受考核，根据自己履行岗位职责情况，从各个方面进行的自我回顾和评估，并向主管部门、组织人事部门或本单位的职工群体进行陈述汇报的一种书面报告。现如今，述职报告不仅是机关事务文书的一种，也是个人日常应用文体的一种。

从狭义来说，通常只有党政领导干部为接受管理考核才需要做述职报告；从广义来说，述职报告可以被用来考核各级各类工作人员履行岗位职责的情况，不过针对这些没有职务的工作人员，它常被称为"工作业绩报告"。述职报告作用主要体现在以下四个方面：

一是领导干部通过述职报告加强自身的建设与发展。述职能帮助他们在自我反思中发现问题，更加主动地探索本职工作中的规律，想方设法地去提高自身能力。

二是述职者通过对自己工作情况的概述，强化上级对所任命领导干部的了解、评判和监督，加强内部管理制度。

三是述职报告能作为广大群众评议干部的依据，克服官僚主义与不正之风。但严格来说，多数情况下述职者只须向他的任命机关和领导述职，群众并不是干部考核工作的主体，也没有升降、调配、奖惩、罢免干部的权利。

四是加强各部门之间的沟通与合作。通过公开述职，上下级、同级各部门之间可以加强了解、增进感情。

日后，述职报告也会作为述职者升迁、留任、降职或调任的重要凭据而纳入干部或专业技术人员管理档案，关系到述职者后期的工作考核与任免情况。试问，谁能不重视述职报告的写作？

二、述职报告的分类与特点

（一）述职报告的分类

1. 按时间划分

一是任期述职报告，指对任现职以来的总体工作情况进行报告。一般来说，时间长、涉及面广，需要写出一届任期的实际情况，用于任期考核。

二是年度述职报告，指一年一度的述职报告，撰写本年度的履职情况，用于年度考核。

三是临时性述职报告，指担任某一项临时性的职务，写出其任职情况，如主持了一项科研项目或组织了一项体育赛事，写出其履职情况。

2. 按内容划分

一是综合性述职报告，报告内容是对一个时期所做工作的全面、综合的反映。

二是专题性述职报告，报告内容是对某一方面工作的专题反映。

三是单项工作述职报告，报告内容是对某项具体工作的汇报，通常是临时性、专项性的工作。

3. 按功用划分

一是考核述职报告，指担任某一领导职务的干部向上级主管部门汇报自己履行干部岗位职责的报告，是上级主管部门考核、评估的依据。

二是竞聘述职报告，指在公开竞聘某一领导岗位时，竞聘者向聘任机构或组织汇报自己履行原岗位职责的报告，是上级组织部门任免、使用干部的依据。

4. 按表达形式划分

一是口头述职报告，指需要向选区选民，或向本单位职工群众述职，用口语化的语言写成的述职报告。

二是书面述职报告，指向上级领导机关或人事部门报告履职情况的书面报告。

（二）述职报告的特点

1. 自述性

述职报告的"述"，既有"叙述、综述"之义，也有"口头表述"之意。因此，在叙述阶段工作的目标与要求、总结取得的工作成绩、说明存在的问题或展示自身的素质和能力等，都应该采用第一人称写法，以叙述、说明的表达方式为主。

项目十

2.客观性

述职报告的内容是客观确定的，以自身之"职"为其所"述"的对象。写作时首先回顾和反思任职期间内的岗位职责、预定目标、工作情况、实际成绩、所得经验、存在问题和今后努力的方向等，内容要符合客观实际，尤其应该注意的是不夸张讲成绩，主动提及问题，以求真务实作为写作的出发点，恰如其分地表述成绩、说透问题、讲清措施、点明方向。

3.时效性

述职报告是述职者在特定的时限，一般为任职期满、试聘期满、年度结束等三个时段，还有上级领导不定期、临时布置的一些述职时限。任何所需的书面材料，都必须在要求的时间段内将内容拟写完毕，否则就会对述职者的考核结果造成影响，甚至影响接下来的干部任用。

4.鉴定性

述职者依据个人岗位职能和职责，对自己任期内的所为做出综合判断，包括自我鉴定、自我评估和自我定性。述职报告一般是在组织领导甚至单位员工面前当众宣读，甚至要进行分组讨论或民主评议，最终留档，所以报告中所列举的事例、引用的数据等会接受考核者的评判，一定要经得起鉴定。

三、述职报告的写作方法

撰写述职报告首先在于谋篇布局"搭架子"，弄清楚其构成要素，再去粗取精"定料子"，根据主要的表述内容和观点选择性填充工作业绩，把焦点放在突破性的工作成果上，做到"人无我有，人有我优"。述职报告一般由标题、抬头、正文（包括前言—主体—结尾）、落款四大要素组成。

（一）标题

述职报告的标题主要有三种形式。

第一种：文称式。直接以文体名称作为标题，如《述职报告》《我的述职报告》。

第二种：全称式。时间＋文种名称；职务＋文种名称；任职时间＋职务＋文种名称；时限＋职务＋文种名称等。例如，《202×—202×年度述职报告》《×××学院教务处处长述职报告》《202×年××学院院长述职报告》《202×—202×年度任教育局局长期间的述职报告》。

第三种：正副标题式。由"正标题＋副标题"组成，将述职报告的主题或内容概括为一句话作为正标题，副标题则与第一种或第二种标题构成大体相似。例如，《深化贯

彻落实科学发展观工作——我的述职报告》《育人为本 德育为先——×× 学院教学副院长 ×××202× 年度述职报告》

（二）抬头

抬头部分指述职者面对的考核、评审对象或报告呈报的部门、负责人等。

第一种，向上级机关呈送的书面述职报告，抬头要写明收文机关或主送单位名称，如"×× 组织部""×× 党委"或"×× 人事处"等。

第二种，向单位领导或干部职工做口头述职报告，抬头要写清对听者的称谓，如"各位委员""各位代表""各位同志"，笼统点也可以说"各位领导、同志们"。

第三种，用于公示的述职报告，可以不写称谓。

（三）正文

正文主要由前言—主体—结尾三部分内容组成。

1. 前言

前言是整个正文立标定调的部分，一般包含三方面的内容：

一是述职者任职的基本情况，包括何种职务、职称、任职时间等。

二是岗位职责及考核期内的目标任务。

三是对个人履行职责的总体评价，要简明扼要地介绍任职以来的工作情况。

前言涉及的内容虽多，但都要简略地写，写作中灵活处理，有些内容也可以放到主体部分去写，通常控制在一个自然段即可。同时要避免假、大、空，适当减少政治术语，选取自己工作中最典型的实绩作为开头，拉近与考核者的距离，为文章定下平实的基调。

华为总裁任正非的述职报告前言：

> 2003 年华为公司取得了不错的业绩，我们的销售订货额比去年增长了 42%。这个成绩来之不易，它是在公司连续五年没有新的增长点的严峻条件下取得的，是世界各地的华为全体干部员工共同努力的结果，是大家奋力拼搏的结果。我谨代表华为公司领导集体就 2003 年预算目标完成情况，以及 2004 年的指导思想、预算目标和关键措施，向各位述职。并请求 2004 年继续在现在的位置上，再工作一年。请大家审议。

2. 主体

这部分是述职报告的中心内容，要分条列项地写明述职者履行职位职责的情况，做到有理有据、条理清晰。可根据内容的不同需要，选取以下三种结构中的任意一种：

项目十

（1）**按时间的发展顺序分类来写**。一般要把整体工作进程分成几个阶段，再分别对每一阶段的情况作分析和陈述。如果任期时间较长、工作涉及面广，采用这种写作形式便于回顾、归纳和总结，以串联的时间线展现工作的全貌。

（2）**按实际的工作内容分类来写**。例如一名大学教授的工作内容，大致包括教学、科研、管理、学科建设与发展等，从不同方面分别给予具体的叙述和分析，便于多角度、全方位表现述职者的工作情况。

在写具体的工作成绩时，要明确自己的分工，讲清楚自己单独完成了什么工作，协助别人完成多少工作，详略得当。其中，那些属于自己独创的并具有实际效果的，应该重点写好，给领导留下深刻的印象。

（3）**按具体的模块分类来写**。这种分类形式在述职报告的写作中比较常见，包括主要工作内容、工作思路、成绩效益、经验教训、问题分析、个人反思及目标对策等，它便于多角度、全方位表现述职者的工作情况。

除此之外，主体部分一定要写得翔实而又有层次，避免空洞、抽象地表述自己的政绩或专业业绩。必要时穿插议论和抒情，"感人心者，莫先乎情"，穿插点滴细节和情感瞬间。例如，历尽艰辛而事成的欣喜；团结协作克难攻坚的情谊；举措创新荣获肯定的自豪等。最后，把主导自己履职中最"闪光"的东西巧妙而"润物细无声"地展示给读者或听众。

最后，要实事求是指出存在的问题，概要地写出今后改进工作的设想、建议或努力方向等，表明自己尽职尽责的态度和决心。不要过分自我批评，重在表述自己将更加尽职尽责，做好本职工作的愿望和今后努力的目标。

3. 结尾

述职报告末尾要有个明确的结语作为标志，通常写"特此报告，请审查""以上报告，请审阅""以上报告，请领导和同志们批评指正""专此述职"等。这些习惯用语既显示了对上级领导或下属群众的尊重，又表明了述职报告已汇报完毕。

（四）落款

在结尾之后，写明述职者职务、姓名和成文日期。如不正式上报，可忽略不写落款，署名也可置于标题之下。

 **情境训练**

县人大常委会准备听取 20 名政府工作人员的述职报告，要求参与人员的述职报告应体现三方面的内容：

一是要讲明自己的工作职责。

二是要讲实自己的工作业绩，重点是突出抓班子、带队伍，以及自己在决策和督导工作方面的情况。

三是要实事求是写明自己一年来履职的不足之处和明年努力的方向，不要写成单位工作总结，也不要把其他副职的工作成绩揽到自己身上。

 **问 题**

案例中，县人大常委会主任对述职者的述职报告做了明确的要求，假设你是在场述职者之一，请以政府部门负责人的身份撰写一份述职报告。

思政在线

调查研究是我们党的优良传统，也是践行党的群众路线的必然要求。毛泽东对调查研究极其重视，他不仅把调查研究看作一切工作的基础，而且把调查研究当作各级干部必须练就的基本功。

对早期在严酷革命战争环境下所做过的调查研究工作以及形成的调查报告，毛泽东有着极为深刻的记忆。但由于条件和环境恶劣，一些调查报告损失了，也有一些重要价值的调查报告保留了下来，其中大革命时期至少有7篇调查报告得以保留，后来收入了《毛泽东农村调查文集》，分别是《中国佃农生活举例》《寻乌调查》《兴国调查》《东塘等处调查》《木口村调查》《长冈乡调查》《才溪乡调查》。

《中国佃农生活举例》这篇调查报告中，为了解中国佃农的生活状况，毛泽东找来自己家乡的壮年佃农张连初，首先了解他的家庭基本情况，进而详细分析他家里包括食粮、猪油、灯油、茶叶等在内的"支出之部"，以及包括"田收"、喂猪、工食省余等在内的"收入之部"。通过分析这些翔实的家庭情况，毛泽东得知：如果没有天灾人祸，这户佃农"收支相抵，不足一十九元六角四分五厘五……"由此毛泽东分析道："穷苦佃农总是老实者多精明者少，在生存竞争十分剧烈之今日农村，此点关系荣枯极大"；"中国之佃农比牛还苦，因牛每年尚有休息，人则全无"；"事实上佃农不能个个这样终年无一天休息地做苦工，稍一躲懒，亏折跟来了"。毛泽东认为："这就是中国佃农比世界上无论何国之佃农为苦，而许多佃农被挤离开土地变为兵匪游民之真正原因。"中国佃农的苦难，"在中国现时重租制度之下，是极其普遍的"。

 **讨 论**

1. 结合"调查研究是我们党的优良传统"，谈谈调查研究在我们生活中的应用。

项目十

2. 结合毛泽东对佃农的调查研究，谈谈中国共产党"打赢脱贫攻坚战"的使命担当。作为当代大学生，应该如何担当社会赋予我们的使命？

知识图谱

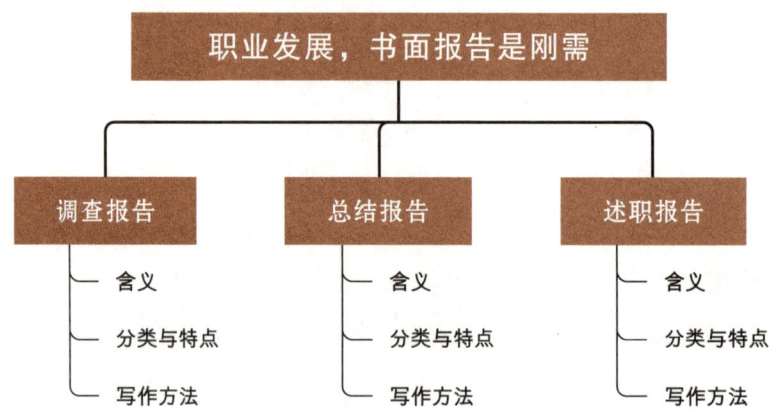

```
            职业发展，书面报告是刚需

    调查报告          总结报告          述职报告

    含义             含义             含义

    分类与特点         分类与特点         分类与特点

    写作方法           写作方法           写作方法
```

课后作业

在我国，每年年初国务院总理会提交政府工作报告，报告的主要内容之一就是新一年的重点工作计划。

2021年3月5日，十三届全国人民代表大会第四次会议在人民大会堂开幕。根据会议议程，国务院总理李克强代表国务院向大会作政府工作报告。李克强总理在报告中，首先回顾了2020年主要政府工作，然后计划2021年工作目标：

一年来，我们贯彻党中央决策部署，统筹推进疫情防控和经济社会发展，主要做了以下工作。

一是围绕市场主体的急需制定和实施宏观政策，稳住了经济基本盘。二是优先稳就业保民生，人民生活得到切实保障。三是坚决打好三大攻坚战，主要目标任务如期完成。

……

过去一年取得的成绩，是以习近平同志为核心的党中央坚强领导的结果，是习近平新时代中国特色社会主义思想科学指引的结果，是全党全军全国各族人民团结奋斗的结果。

在肯定成绩的同时，我们也清醒看到面临的困难和挑战。新冠肺炎疫情仍在全球蔓延，国际形势中不稳定不确定因素增多……我们一定要直面问题和挑战，尽心竭力改进工作，决不辜负人民期待！

2021年发展主要预期目标是：国内生产总值增长 6% 以上；城镇新增就业 1100 万人以上，城镇调查失业率 5.5% 左右；居民消费价格涨幅 3% 左右；进出口量稳质升，国际收支基本平衡；居民收入稳步增长；生态环境质量进一步改善，单位国内生产总值能耗降低 3% 左右，主要污染物排放量继续下降；粮食产量保持在 1.3 万亿斤以上。

 任　务

1. 请你结合上述材料，总结政府工作报告中具体包含哪些方面的内容。

2. 请你结合这门课程的学习，写一篇 1500 字以上的学习总结，交给任课老师。

项目十

附录一

常用公文及写作格式

一、党政机关公文处理工作条例（节选）

（一）公文种类

1. 决议。适用于会议讨论通过的重大决策事项。

2. 决定。适用于对重要事项作出决策和部署、奖惩有关单位和人员、变更或者撤销下级机关不适当的决定事项。

3. 命令（令）。适用于公布行政法规和规章、宣布施行重大强制性措施、批准授予和晋升衔级、嘉奖有关单位和人员。

4. 公报。适用于公布重要决定或者重大事项。

5. 公告。适用于向国内外宣布重要事项或者法定事项。

6. 通告。适用于在一定范围内公布应当遵守或者周知的事项。

7. 意见。适用于对重要问题提出见解和处理办法。

8. 通知。适用于发布、传达要求下级机关执行和有关单位周知或者执行的事项，批转、转发公文。

9. 通报。适用于表彰先进、批评错误、传达重要精神和告知重要情况。

10. 报告。适用于向上级机关汇报工作、反映情况，回复上级机关的询问。

11. 请示。适用于向上级机关请求指示、批准。

12. 批复。适用于答复下级机关请示事项。

13. 议案。适用于各级人民政府按照法律程序向同级人民代表大会或者人民代表大会常务委员会提请审议事项。

14. 函。适用于不相隶属机关之间商洽工作、询问和答复问题、请求批准和答复审批事项。

15. 纪要。适用于记载会议主要情况和议定事项。

（二）公文格式

公文一般由份号、密级和保密期限、紧急程度、发文机关标志、发文字号、签发人、标题、主送机关、正文、附件说明、发文机关署名、成文日期、印章、附注、附件、抄送机关、印发机关和印发日期、页码等组成。

1. 份号。公文印制份数的顺序号。涉密公文应当标注份号。

2. 密级和保密期限。公文的秘密等级和保密的期限。涉密公文应当根据涉密程度分别标注"绝密""机密""秘密"和保密期限。

3. 紧急程度。公文送达和办理的时限要求。根据紧急程度，紧急公文应当分别标注"特急""加急"，电报应当分别标注"特提""特急""加急""平急"。

4. 发文机关标志。由发文机关全称或者规范化简称加"文件"二字组成，也可以使用发文机关全称或者规范化简称。联合行文时，发文机关标志可以并用联合发文机关名称，也可以单独用主办机关名称。

5. 发文字号。由发文机关代字、年份、发文顺序号组成。联合行文时，使用主办机关的发文字号。

6. 签发人。上行文应当标注签发人姓名。

7. 标题。由发文机关名称、事由和文种组成。

8. 主送机关。公文的主要受理机关，应当使用机关全称、规范化简称或者同类型机关统称。

9. 正文。公文的主体，用来表述公文的内容。

10. 附件说明。公文附件的顺序号和名称。

11. 发文机关署名。署发文机关全称或者规范化简称。

12. 成文日期。署会议通过或者发文机关负责人签发的日期。联合行文时，署最后签发机关负责人签发的日期。

13. 印章。公文中有发文机关署名的，应当加盖发文机关印章，并与署名机关相符。有特定发文机关标志的普发性公文和电报可以不加盖印章。

14. 附注。公文印发传达范围等需要说明的事项。

15. 附件。公文正文的说明、补充或者参考资料。

16. 抄送机关。除主送机关外需要执行或者知晓公文内容的其他机关，应当使用机关全称、规范化简称或者同类型机关统称。

17. 印发机关和印发日期。公文的送印机关和送印日期。

18. 页码。公文页数顺序号。

（三）行文规则

行文应当确有必要，讲求实效，注重针对性和可操作性。行文关系根据隶属关系和职权范围确定。一般不得越级行文，特殊情况需要越级行文的，应当同时抄送被越过的机关。

1. 向上级机关行文，应当遵循以下规则：

（1）原则上主送一个上级机关，根据需要同时抄送相关上级机关和同级机关，不抄送下级机关。

（2）党委、政府的部门向上级主管部门请示、报告重大事项，应当经本级党委、政府同意或者授权；属于部门职权范围内的事项应当直接报送上级主管部门。

（3）下级机关的请示事项，如需以本机关名义向上级机关请示，应当提出倾向性意见后上报，不得原文转报上级机关。

（4）请示应当一文一事。不得在报告等非请示性公文中夹带请示事项。

（5）除上级机关负责人直接交办事项外，不得以本机关名义向上级机关负责人报送公文，不得以本机关负责人名义向上级机关报送公文。

（6）受双重领导的机关向一个上级机关行文，必要时抄送另一个上级机关。

2. 向下级机关行文，应当遵循以下规则：

（1）主送受理机关，根据需要抄送相关机关。重要行文应当同时抄送发文机关的直接上级机关。

（2）党委、政府的办公厅（室）根据本级党委、政府授权，可以向下级党委、政府行文，其他部门和单位不得向下级党委、政府发布指令性公文或者在公文中向下级党委、政府提出指令性要求。需经政府审批的具体事项，经政府同意后可以由政府职能部门行文，文中须注明已经政府同意。

（3）党委、政府的部门在各自职权范围内可以向下级党委、政府的相关部门行文。

（4）涉及多个部门职权范围内的事务，部门之间未协商一致的，不得向下行文；擅自行文的，上级机关应当责令其纠正或者撤销。

（5）上级机关向受双重领导的下级机关行文，必要时抄送该下级机关的另一个上级机关。

（四）公文拟制

公文拟制包括公文的起草、审核、签发等程序。

1. 公文起草应当做到：

（1）符合党的理论路线方针政策和国家法律法规，完整准确体现发文机关意图，并同现行有关公文相衔接。

（2）一切从实际出发，分析问题实事求是，所提政策措施和办法切实可行。

（3）内容简洁，主题突出，观点鲜明，结构严谨，表述准确，文字精练。

（4）文种正确，格式规范。

（5）深入调查研究，充分进行论证，广泛听取意见。

（6）公文涉及其他地区或者部门职权范围内的事项，起草单位必须征求相关地区或者部门意见，力求达成一致。

（7）机关负责人应当主持、指导重要公文起草工作。

2. 公文文稿签发前，应当由发文机关办公厅（室）进行审核。审核的重点是：

（1）行文理由是否充分，行文依据是否准确。

（2）内容是否符合党的理论路线方针政策和国家法律法规；是否完整准确体现发文机关意图；是否同现行有关公文相衔接；所提政策措施和办法是否切实可行。

（3）涉及有关地区或者部门职权范围内的事项是否经过充分协商并达成一致意见。

（4）文种是否正确，格式是否规范；人名、地名、时间、数字、段落顺序、引文等是否准确；文字、数字、计量单位和标点符号等用法是否规范。

（5）其他内容是否符合公文起草的有关要求。

需要发文机关审议的重要公文文稿，审议前由发文机关办公厅（室）进行初核。

3. 公文应当经本机关负责人审批签发。重要公文和上行文由机关主要负责人签发。党委、政府的办公厅（室）根据党委、政府授权制发的公文，由受权机关主要负责人签发或者按照有关规定签发。签发人签发公文，应当签署意见、姓名和完整日期；圈阅或者签名的，视为同意。联合发文由所有联署机关的负责人会签。①

---

① 资料来源于人民网，2013-02-22，收录时有删减。

二、写作及格式示例

（一）决议

1. 事项性决议

×× 关于 ×× 的决议

（标题：发文机关 ＋ 事由 ＋ 文种）

（×× 年 ×× 月 ×× 日 ×× 会议通过）

（决议正式通过的日期）

决议根据（决议产生的背景，经过什么会议、什么目的、讨论通过了什么事项）

决议事项（具体介绍决议的事项，可分层次介绍）

决议结语（提出要求或号召）

2. 纪要性决议

×× 关于 ×× 的决议

（标题：发文机关 ＋ 事由 ＋ 文种）

（×× 年 ×× 月 ×× 日 ×× 会议通过）

（决议正式通过的日期）

决议缘由（概述有关会议的名称、原因和议题）

决议内容（叙议结合分层阐述有关内容）

决议号召（提出要求或号召）

（二）决定

×× 关于 ×× 的决定

（标题：发文机关 ＋ 事由 ＋ 文种）

（×× 年 ×× 月 ×× 日 ×× 会议通过）

（决定正式通过的日期）

为（决定的原因和目的），现决定……。具体如下：

决定的内容（指挥和安排重要事项和重大行动的，必要时可分层次介绍）

希望与要求

公　章

年　　月　　日

（三）命令（令）

1. 公布令

×× 令

（标题：①发文机关 + 事由 + 文种 ②事由 + 文种 ③发文机关及其负责人职务名称 + 文种）

第 × 号

×× 已经由 ×× 通过，现予公布，自 ×××× 起施行。

×× 职务 ×× 姓名
年　月　日

2. 行政令

×× 关于 ×× 的命令

（标题：①发文机关 + 事由 + 文种 ②事由 + 文种 ③发文机关及其负责人职务名称 + 文种）

命令缘由（即发布命令的原因和依据），为此，发布命令如下：

命令事项。

×× 职务 ×× 姓名
年　月　日

3. 嘉奖令

×× 关于 ×× 的嘉奖命令

（标题：①发文机关 + 事由 + 文种 ②事由 + 文种 ③发文机关及其负责人职务名称 + 文种）

先进事迹介绍和评价

嘉奖决定（授予何人何种奖励）

希望和号召

×× 职务 ×× 姓名
年　月　日

（四）公报

1. 新闻公报

×× 新闻公报

（标题：①直接写《新闻公报》或《公报》②发布机关＋文种③发布机关＋事由＋文种）

开头（时间、地点、事件、概述）

事件的具体内容（介绍重大事件的具体情况）

2. 会议公报

×× 会议公报

（×× 年 ×× 月 ×× 日 ×× 会议通过）

×× 会议，于 ×× 年 ×× 月 ×× 日在 ×× 举行。

会议的出席者、列席者、主持者、讲话者

会议要解决的主要问题（会议主要解决的问题）

会议号召

（五）公告

×× 公告

（标题：①发文机关＋事项＋文种②发文机关＋文种③只写"公告"二字）

发布公告的原因（简要介绍公告的依据、原因、目的）

公告的事项（公告的决定和要求，可分条款写）

特此公告。/ 现予公告。

发文单位

（标题中如已有机关名的，此处可省略）

年　月　日

（六）通告

关于××的通告

（标题：①发文机关＋主要内容＋文种 ②发文机关＋文种 ③主要内容＋文种）

发文字号

〔发文字号：机关代字＋年份＋序号，如："（陕府法〔2022〕1号）"，也可省略〕

通告的缘由（发布通告的背景、根据、目的、意义等）

通告的事项（主体部分，条理清晰地叙述）

特此公告。/本通告自发布之日起实施。

发文单位
年　月　日

（七）意见

关于××的意见

（标题：发文机关＋主要内容＋文种，上行意见用此完全式标题，下行意见通常省略发文机关）

发文字号

〔发文字号：机关代字＋年份＋序号，如："（陕府法〔2022〕1号）"，也可省略〕

主送机关（主送机关较多时，按级别、名称等安排顺序）：

为了××××，按照××××，让××××，现提出如下意见：

通知事项

一、

二、

三、

（主要说明发布的指示，提出的方法、措施，安排的工作等，如内容较多可分点列出）

以上意见如无不妥，请批转各地（单位）执行。/以上意见，请结合实际情况贯彻执行。

发文单位
年　月　日

（八）通知

关于××的通知

（标题：发文机关＋主要内容＋文种，发文机关可省略）

发文字号

［发文字号：机关代字＋年份＋序号，如："（陕府法〔2022〕1号）"，也可省略］

主送机关（主送机关较多时，按级别、名称等安排顺序）：

通知缘由（介绍有关背景、根据、目的、意义等）

通知事项

一、

二、

三、

（主要说明发布的指示，提出的方法、措施，安排的工作等，如内容较多可分点列出）

请认真贯彻执行。/请遵照执行。（也可省略）

发文单位

年 月 日

（九）通报

1. 情况通报

关于××的通报

（标题：发文机关＋事由＋文种，发文机关可省略）

发文字号

［发文字号：机关代字＋年份＋序号，如："（陕府法〔2022〕1号）"］

主送机关（主送机关较多时，按级别、名称等安排顺序，也可不标注）：

阐明发布通报的根据、原因、目的（叙述基本事实，阐明发布通报的根据、原因和目的等，以概括归纳为主）

主要叙述情况、传达信息（条理清晰地陈述情况和信息）

希望和要求

发布机关

年 月 日

2.表彰性和批评性通报

关于××的通报

（标题：发文机关＋事由＋文种，发文机关可省略）

主送机关（主送机关较多时，按级别、名称等安排顺序，也可不标注）：

介绍事实与现象（写清先进事迹或错误事实的经过，交代清楚时间、地点、人物、基本事件过程）

对事实的分析和评价（对上文事实的分析与评价，表扬先进要指出其意义，批评错误要分析错误的性质、危害）

希望和要求（对表彰的先进或批评的错误做出嘉奖或惩处，根据通报情况和现实需要发出号召或提出要求）

发布机关

年 月 日

（十）报告

××报告

（标题：发文机关＋事由＋文种，发文机关可省略）

发文字号

［发文字号：机关代字＋年份＋序号，如："（陕府法〔2022〕1号）"］

主送机关（发文单位的直属上级领导机关）：

开头（概括说明一定时间内各方面的总情况，或写明报告的缘由）

报告的事项（分点分项陈述工作的主要情况、主要做法，取得的经验、效果，存在的问题及原因，解决办法等）

特此报告。

发布机关

年 月 日

（十一）请示

××关于××的请示

（标题：发文机关＋事由＋文种，有时发文机关可省略）

发文字号

〔发文字号：机关代字＋年份＋序号，如："（陕府法〔2022〕1号）"〕

主送机关（采用全称或规范化简称，只能写一个主送机关）：

请示缘由（请示的原因，须客观、具体、充分、合理）

请示事项（提出具体请求，内容须单一、具体、清晰，只宜请求一件事）

妥否，请批复。／以上请示，请予审批。

发文单位

年　月　日

（十二）批复

××关于××的批复

（标题：发文机关＋事由＋文种，有时发文机关可省略）

发文字号

〔发文字号：机关代字＋年份＋序号，如："（陕府法〔2022〕1号）"〕

主送机关（采用全称或规范化简称）：

批复缘由（交代批复的根据，引叙来文以说明：点明批复的下级机关，写明来文日期、标题和文号）

批复事项（针对"请示"的事项给予明确的肯定性／否定性回复，或给出具体的指示，也可提出希望和要求）

特此批复。／此复。

发文单位

年　月　日

（十三）议案

×× 关于 ×× 的议案

（标题：发文机关 + 事由 + 文种）

主送机关（采用全称或规范化简称）：

提出议案的根据（须阐述清楚，有说服力）

方案内容（写清解决途径和方法）

这个草案已经 ×× 同意，现提请审议。

署　名

年　月　日

（十四）函

×× 关于 ×× 的函

（标题：发文机关 + 事由 + 文种，有时发文机关可省略）

发文字号

［发文字号：机关代字 + 年份 + 序号，如：国办函〔2022〕1号〕

主送机关（采用全称或规范化简称）：

发函缘由（发函的原因、依据。答复函通常写为"你单位 ××〔××××〕×号函悉"或"贵处 ×年×月×日来函收悉"）

具体事项（写明答复、商洽、请批的具体内容。如果内容较多，可以分条列项陈述，答复时也应逐一答复清楚）

特此函告／特此函复。（或盼复、请函、此复）

发文单位

年　月　日

（十五）纪要

×× 会议纪要

（标题：发文机关 + 事由 + 文种，发文机关也可省略）

开头（会议的召开时间、地点、与会单位和人员、主要领导人、会议目的、议程及主要活动）

会议主体内容（会议研究的问题、会议对工作的安排和指导、会议意见等）

结尾（提出希望和号召）

附录二

参考文献

一、专著类

［1］陈晓芬译注.论语［M］.北京：中华书局，2016.

［2］天津编译中心.顾维钧回忆录：缩编（上）［M］.北京：中华书局，1997.

［3］裴显生，尉天娇.基础写作教程［M］.北京：高等教育出版社，2016.

［4］罗纳德·B.阿德勒，拉塞尔·F.普罗科特.沟通的艺术［M］.黄素菲，等译.北京：北京联合出版有限公司，2017.

［5］玛丽安·卡琳奇.超级交谈术［M］.武汉：武汉大学出版社，2018.

［6］脱不花.沟通的方法［M］.北京：新星出版社，2021.

［7］宋晓阳.完美沟通［M］.北京：中国友谊出版公司，2020.

［8］科里·帕特森.关键对话：如何高效沟通［M］.毕崇毅，译.北京：机械工业出版社，2017.

［9］宋卫泽，彭彤.职场沟通与写作训练教程［M］.北京：机械工业出版社，2020.

［10］弗德曼·舒茨·冯·图恩.沟通的力量：正确表达的艺术［M］.王林琳，译.天津：天津人民出版社，2021.

［11］牛广海.会说话，好人缘［M］.长春：吉林文史出版社，2019.

［12］赵惠霞.《世说新语》新译［M］.西安：西北大学出版社，2016.

［13］俞敏洪.挺立在孤独失败与屈辱的废墟上：俞敏洪演讲录著［M］.北京：世界知识出版社，2003.

［14］鲁迅.野草［M］.北京：人民文学出版社，2015.

［15］埃利奥特·阿伦森.社会性动物［M］.邢占军，译.上海：华东师范大学出版社，2007.

［16］库尔特·勒温.人格的动力理论［M］.北京：中国传媒大学出版社，2017.

［17］古斯塔夫·勒庞著.乌合之众［M］.陈剑，译.南京：译林出版社，2018.

［18］迈克尔·惠勒.谈判的艺术［M］.钱峰,译.北京:中信出版社,2015.

［19］罗永浩.我的奋斗［M］.昆明:云南人民出版社,2010.

［20］冯光明,冯静雯,余峰.商务谈判:理论,实务与技巧［M］.北京:清华大学出版社,2015.

［21］罗伊·J.列维奇,戴维·M.桑德斯,布鲁斯·巴里.商务谈判［M］.北京:机械工业出版社,2012.

［22］G.理查德·谢尔.沃顿商学院最实用的谈判课［M］.2版.林民旺,李翠英,译.北京:机械工业出版社,2019.

［23］吴楚材,吴调侯.古文观止［M］.长沙:岳麓书社,2005.

［24］迈克尔·波特.竞争战略［M］.北京:中国财政经济出版社,1988.

［25］李元授.演讲与口才［M］.武汉:华中科技大学出版社,2014.

［26］赵惠霞.大学语文［M］.5版.西安:陕西人民教育出版社,2013.

［27］柳建乔,何汶.大学生论文写作［M］.武汉:湖北科学技术出版社,2013.

［28］严孚良.申论历年真卷与模拟卷［M］.广州:华南理工大学出版社,2013.

［29］王锡渭.新编申论写作教程［M］.北京:北京大学出版社,2015.

［30］薛桂英.写作与沟通［M］.北京:中国铁道出版社,2017.

［31］史蒂芬·平克.风格感觉:21世纪写作指南［M］.王烁,译.北京:机械工业出版社,2018.

［32］淳于淼泠,冯春,祝伟.公文写作［M］.北京:北京大学出版社,2019.

［33］王用源.沟通与写作:应用文写作技能与规范［M］.北京:人民邮电出版社,2019.

［34］半月谈图书编写组.申论范文宝典［M］.北京:新华出版社,2019.

［35］王用源.沟通与写作:语言表达与沟通技能［M］.北京:人民邮电出版社,2020.

［36］刘军强.写作是门手艺［M］.桂林:广西师范大学出版社,2020.

［37］王用源.写作与沟通:慕课版［M］.北京:人民邮电出版社,2021.

［38］詹新惠.网络新闻写作与编辑实务［M］.北京:中国传媒大学出版社,2011.

［39］廖建国,周晨芳.网络新闻与编辑［M］.重庆:重庆大学出版社,2018.

［40］雷跃捷,辛欣.网络传播概论.北京:中国传媒大学出版社,2010.

［41］彭增军.新闻业的救赎［M］.北京:中国人民大学出版社,2018.

［42］郑昊，米鹿.短视频：策划，制作与运营［M］.北京：人民邮电出版社，2019.

［43］吕白.人人都能做出爆款短视频［M］.北京：机械工业出版社，2020.

［44］周展锋.新媒体写作与运营［M］.北京：人民邮电出版社，2019.

［45］陈臻，王怒涛，左巍.手机短视频：策划 拍摄 剪辑 发布［M］.北京：人民邮电出版社，2021.

［46］秋叶.短视频实战一本通：内容策划 拍摄 制作 营销运营 流量变现［M］.北京：人民邮电出版社，2020.

［47］苏航.软文营销实战108招：小软文大效果［M］.北京：人民邮电出版社，2016.

［48］王辉.100000+软文：爆款软文速成36计［M］.北京：机械工业出版社，2016.

［49］孙李梅，吴娟.软文营销：写作技巧 营销策略 实战案例［M］.北京：人民邮电出版社，2019.

［50］马楠.尖叫感：互联网文案创意思维与写作技巧［M］.北京：北京理工大学出版社，2016.

［51］大卫·奥格威.一个广告人的自白［M］.北京：中国物价出版社，2003.

［52］罗伯特·布莱，刘怡女.文案创作完全手册［M］.袁婧，译.北京：北京联合出版公司，2013.

［53］约瑟夫·休格曼，乐剑峰.文案大师进阶指南［M］.朱冰，译.北京：中信出版社，2017.

［54］川上徹也.好文案一句话就够了［M］.涂绮芳，译.北京：北京联合出版公司，2018.

［55］赵惠霞.广告美学：规律与法则［M］.北京：人民出版社，2007.

［56］岳海翔.企划文书写作：要领与范文［M］.北京：中国言实出版社，2008.

［57］小马宋.那些让文案绝望的文案［M］.北京：北京联合出版社，2015.

［58］吴少华.公共关系理论与实务［M］.北京：人民邮电出版社，2015.

［59］乐剑峰.广告文案［M］.北京：中信出版社，2016.

［60］萧潇.创意文案与营销策划：撰写技巧及实例全书［M］.天津：天津科学技术出版社，2017.

［61］乜瑛.公共关系学［M］.杭州：浙江大学出版社，2017.

［62］李付庆.公共关系学［M］.4版.南京：南京大学出版社，2017.

［63］徐军.活动策划与文案写作实用手册［M］.北京：中国纺织出版社，2020.

［64］苏豫.办公室公文写作［M］.北京：中国商业出版社，2020

［65］李永新.笔杆子是怎样练成的［M］.北京：清华大学出版社，2020.

［66］曾轩招.应用文写作［M］.上海：同济大学出版社，2019.

［67］宋卫泽，彭彤.职场沟通与写作训练教程［M］.北京：机械工业出版社，2020.

［68］夏欣.计划，总结、述职报告就该这么写［M］.北京：中国纺织出版社，2018.

［69］杨明生.公文处理规范［M］.北京：人民日报出版社，2003.

［70］杜蓉.实用沟通与写作［M］.北京：机械工业出版社，2009.

［71］孙秀秋，吴锡山.应用写作教程［M］.3版.北京：中国人民大学出版社，2013.

［72］吴婕.有效沟通与实用写作教程［M］.北京：中国人民大学出版社，2011.

［73］高彤心.应用文写作实训教程［M］.北京：高等教育出版社，2012.

［74］尉天骄.汉语实用写作新编［M］.上海：上海外语教育出版社，2015.

［75］毛泽东.毛泽东文集：第一卷［M］.北京：人民出版社，1991.

［76］辛辉，荣丽双.新编常用公文写作范本全书（权威实用版）［M］.北京：中国法制出版社，2016.

二、学术期刊、报纸类

［1］乔恩·李·安德森.纽约客：人物侧写［J］，1999-9-27.

［2］时间，崔屹平.顾维钧记忆中的巴黎和会抗争［J］.档案记忆，2017(9).

［3］赵婀娜.高考改革，筑牢教育公平的基石［N］.人民日报，2016-6-6.

［4］董大海，曲晓飞，王新浩.竞争者信息系统：意义、体系与管理［J］.中国软科学，2000(2).

［5］晏青，戴霞.被"驯化"的网络直播：互动，身体及认同［J］.中国新闻传播研究，2020(06).

［6］陈瑞，张晏宁.直播营销模式的深层逻辑：社交场和营销场及其协同作用［J］.清华管理评论，2020(06).

［7］张宇轩."双减"之下的新东方K9业务与"非营利性"的两难抉择［J］.中

国经济周刊，2021(21).

[8] 仲才.2020 "格力式直播" 背后的逻辑 [J].协商论坛，2021(03).

[9] 明确平台企业的责任，促进直播带货行业规范发展 [N].21 世纪经济报道.
2021-12-22.

[10] 陈四益.学术的水准 [J].语文建设，2002(04).

[11] 汪莉.论《申论》的写作特征 [J].昆明大学学报.2003(02).

三、网络资料类

[1] 新华社评论员.练就过硬本领，锤炼品德修为：四论学习贯彻习近平总书记
在纪念五四运动 100 周年大会重要讲话精神 [EB/OL].新华网.

[2] 纪念五四运动 100 周年大会重要讲话精神 [EB/OL].新华网.

[3] 黄琳婧.这些名人名家如何度过大学时光？[EB/OL].人民网.

[4] 国家统计局.2020 年居民收入和消费支出情况 [EB/OL].国家统计局官网.

[5] 南京市政府办公厅.南京市全民义务植树情况调查报告 [EB/OL].江苏省人民
政府官网.

[6] 经典谈判案例集锦 [EB/OL].百度文库.

[7] 任正非.任正非述职报告 [EB/OL].搜狐网.

[8] 杨明伟.毛泽东早期是怎样做调查研究的 [EB/OL].中共中央党史和文献研究
院官网.

[9] 申论写作备考：如何打造文章开头亮点 [EB/OL].西安中公教育网.

[10] 正奇五度：因一句广告词，飞鹤奶粉销量增长了 223%！带来什么启示？
[EB/OL].搜狐网.

[11] "土狗变水狗"？润百颜针对争议营销致歉 [EB/OL].新浪财经.

[12] 雷总：为小米汽车而战 我愿意押上我人生全部的声誉 [EB/OL].新浪财经.

[13] 陈立金.包头安邦汽车集团有限公司授信客户调查报告（循环承兑）[EB/OL].
今日头条.

[14] 河南郑州 "7·20" 特大暴雨灾害调查报告 [EB/OL].应急管理部网.

[15] 调查报告怎么写 [EB/OL].瑞文网.

[16] 广州城市居民消费行为与生活质量研究 [EB/OL].国家统计局官网.

[17] 石家庄市雾霾情况调查报告 [EB/OL].百度文库.

[18] 未央区教育局 2019 年工作总结 [EB/OL].未央区人民政府官网.